Début d'une série de documents en couleur

DE LA
SUPERPOSITION
DES PUISSANCES

EN

REPRÉSENTATION INTERNE-EXTERNE

PAR

Jn-ÉMILE FILACHOU
Docteur ès Lettres

Multa... membra, unum... corpus.
I Cor. xii, 20.

MONTPELLIER | PARIS
BEAUMEVIELLE (Anc. Maison Seguin) | DURAND ET PEDONE-LAURIEL
Rue Argenterie, 25 | Rue Cujas, 9

1889

SUITE DES OUVRAGES DU MÊME AUTEUR

Études de Philosophie Naturelle

N° 1. SYSTÈME DES TROIS RÈGNES DE LA NATURE. In-12. 1864.
N° 2. RÉPONSE DIRECTE A M. RENAN, OU DÉMONSTRATION PHILOSOPHIQUE DE L'INCARNATION. 1 vol. in-12. 1864.
N° 3. DE L'EXPÉRIENCE DE MONGE AU DOUBLE POINT DE VUE EXPÉRIMENTAL ET RATIONNEL. 1 vol. in-12. 1869 (3° édition).
N° 4. DE L'ORDRE ET DU MODE DE DÉCOMPOSITION DE LA LUMIÈRE PAR LES PRISMES. 1 vol. in-12. 1870.
N° 5. DE L'ORDRE ET DU MODE DE DÉCOMPOSITION DE LA LUMIÈRE PAR LES PRISMES. Nouvelles preuves à l'appui. in-12.
N° 6. SENS ET RATIONALITÉ DU DOGME EUCHARISTIQUE. in-12.
N° 7. DÉMONSTRATION PSYCHOLOGIQUE ET EXPÉRIMENTALE DE L'EXISTENCE DE DIEU. 1 vol. In-12. 1873.
N° 8. DE L'ORDRE ET DU MODE DE DÉCOMPOSITION DE LA LUMIÈRE PAR LES BORDS MINCES. 1 vol. in-12.
N° 9. LE SYSTÈME DU MONDE EN QUATRE MOTS. 1 vol. in-12.
N° 10. CLASSIFICATION RAISONNÉE DES SCIENCES NATURELLES. 1 vol. in-12.
2° Série : N° 1. LA MÉCANIQUE DE L'ESPRIT CONFORME AUX PRINCIPES DE LA CLASSIFICATION RATIONNELLE. 1 vol. in-12.
N° 2. ORGANISATION ET UNIFICATION DES SCIENCES NATURELLES. 1 vol. in-12.
N° 3. L'HISTOIRE NATURELLE ÉCLAIRÉE PAR LA THÉORIE DES AXES (avec planche). 1 vol. in-12.
N° 4. LA MÉCANIQUE DE L'ESPRIT PAR LA TRIGONOMÉTRIE. 1 vol. in-12.
N° 5. LA CLASSIFICATION RATIONNELLE ET LE CALCUL INFINITÉSIMAL. 1 vol. in-12.
N° 6. LA CLASSIFICATION RATIONNELLE ET LA PHÉNOMÉNOLOGIE TRANSCENDANTE (avec planche). 1 vol. in-12.
N° 7. LA CLASSIFICATION RATIONNELLE ET LA GÉOLOGIE (avec planche). 1 vol. in-12.
N° 8. LA CLASSIFICATION RATIONNELLE ET LA PRAGMATOLOGIE PSYCHOLOGIQUE. 1 vol. in-12.
N° 9. LA CLASSIFICATION RATIONNELLE ET LA PNEUMATOLOGIE MÉCANIQUE. 1 vol. in-12.
N° 10. ÉLÉMENTS DE PSYCHOLOGIE MATHÉMATIQUE. 1 vol. in-12.
3° Série : N° 1. IDENTITÉ DU SUBJECTIF ET DE L'OBJECTIF (avec planche). 1 vol. in-12.
N° 2 LE VRAI SYSTÈME GÉNÉRAL DE L'UNIVERS. 1 vol. in-12.
N° 3. ORIGINE DES MÉTÉORITES ET AUTRES CORPS CÉLESTES. 1 vol. in-12.

SUITE DES OUVRAGES DU MÊME AUTEUR

N° 4. SOURCES NATURELLES DU SURNATUREL. 1 vol. in-12.
N° 5. PRODROME DE CHIMIE RATIONNELLE. 1 vol. in-12.
N° 6. DU PREMIER INSTANT DANS LA SÉRIE DES ÊTRES ET DES ÉVÈNEMENTS. 1 vol. in-12.
N° 7. FINS ET MOYENS DE COSMOLOGIE RATIONNELLE. 1 vol. in-12.
N° 8. DE LA CONTRADICTION EN PHILOSOPHIE MATHÉMATIQUE. 1 vol. in-12.
N° 9. DU PÉCHÉ ORIGINEL ET DE SON IRRÉMISSIBILITÉ. 1 vol. in-12.
N° 10. TRANSCENDANCE ET VARIABILITÉ DES IDÉES RÉELLES. 1 vol. in-12.
4° Série : N° 1 GRACE ET LIBERTÉ, FONDEMENTS DU MONDE VISIBLE. 1 vol. in-12.
N° 2 COMMENTAIRE PHILOSOPHIQUE DU PREMIER CHAPITRE DE LA GENÈSE. 1 vol. in-12.
N° 3. ERREURS ET VÉRITÉS DU TRANSFORMISME. 1 vol. in-12.
N° 4. DU DEVENIR ET DE LA NATURE DES CORPS EN GÉNÉRAL. 1 vol. in-12.
N° 5. NOUVELLES CONSIDÉRATIONS SUR LES CORPS CÉLESTES EN GÉNÉRAL ET EN PARTICULIER. 1 vol. in-12.
N° 6 PRINCIPES DE COSMOLOGIE. 1 vol. in-12.
N° 7 PRINCIPES DE GÉOLOGIE. 1 vol. in-12.
N° 8. LE MONDE RÉEL, OU DIEU, L'ANGE, L'HOMME. 1 vol. in-12.
N° 9. PRINCIPES DE PHYSIOLOGIE. 1 vol. in-12.
N° 10. LES TROIS CENTRALITÉS (avec planche). 1 vol. in-12.
5° Série : N° 1 : DU MOUVEMENT HYPERBOLIQUE ET DE SES APPLICATIONS. 1 vol. in-12.
N° 2. VARIATION DES FACULTÉS. 1 vol. in-12.
N° 3. DE LA CONFUSION DES LANGUES. 1 vol. in-12.
N° 4. LES TROIS GENRES DE LUMIÈRE OBJECTIVE. 1 vol. in-12.
N° 5. BASE RATIONNELLE D'UNE THÉORIE MÉCANIQUE DE LA MATÉRIALITÉ. 1 vol. in-12.
N° 6. DE LA PARTHÉNOGÉNÈSE. 1 vol. in-12.
N° 7. LA VIE ASTRALE. 1 vol. in-12.
N° 8 PRINCIPES DE PHYSIQUE SOLAIRE. 1 vol. in-12.
N° 9. PRINCIPES DE PSYCHO-PHYSIQUE STELLAIRE. 1 vol. in-12.
N° 10. VUE DU MONDE ET DES ÊTRES EN CUBE. 1 vol. in-12.
N° 11. PREMIER CHAPITRE DE PHYSIOLOGIE VITALISTE. LES GÉNÉRALITÉS. 1 vol. in-12.

Montpellier. — Typ. Louis Grollier, père.

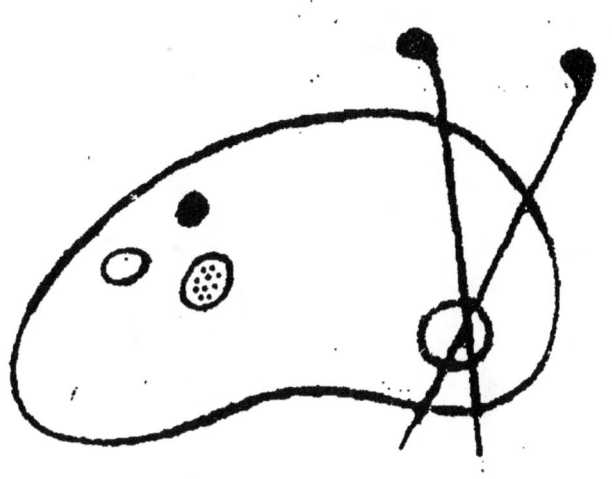

Fin d'une série de documents
en couleur

DE LA

SUPERPOSITION

DES PUISSANCES

EN REPRÉSENTATION INTERNE-EXTERNE

POUR PARAITRE SUCCESSIVEMENT

N° 2. ROLES INVERSES DU PUNCTUM CÆCUM ET DE LA TACHE JAUNE. 1 vol. in-12.

N° 3. ÉGAREMENTS ET REDRESSEMENTS DE LA SCIENCE MODERNE, 1 vol. in-12.

N° 4. CORRÉLATIONS DES PRINCIPES COSMIQUES : FORCE, RAISON, VERTU. 1 vol. in-12.

N° 5. LES DEUX CENTRALITÉS, RUDIMENTS DU MONDE INVISIBLE. 1 vol. in-12.

N° 6. DU PARALLÉLISME ENTRE LA LOGIQUE ET LA PHYSIQUE. 1 vol. in-12.

N° 7. LE MAGNÉTISME DÉMONTRÉ EN PRINCIPE. 1 vol. In-12.

N° 8. LE MAGNÉTISME CONSIDÉRÉ DANS SON FONCTIONNEMENT. 1 vol. in-12.

N° 9. LES DEUX MAGNÉTISMES CRISTALLIN ET ANIMAL. 1 vol. in-12.

N° 10. LA FEMME. 1 vol. in-12.

7ᵉ SÉRIE : N° 1. DE L'ÉLECTRICITÉ : SON ORIGINE ; SA NATURE ; SES PROCÉDÉS. 1 vol. in-12.

N° 2. DE LA CONTROVERSE RELIGIEUSE EN GÉNÉRAL ET DU DÉLUGE UNIVERSEL EN PARTICULIER. 1 vol. in-12.

N° 3. SYSTÈME RATIONNEL DE GÉOLOGIE. 1 vol. in-12.

N° 4. DE LA LUNE ET CONSORTS. 1 vol. in-12.

N° 5. DU NÉBULAIRE CÉLESTE EN GÉNÉRAL. 1 vol. in-12.

En vente chez SEGUIN, libraire
Rue Argenterie, 25, à Montpellier.

OUVRAGES DU MÊME AUTEUR

EXAMEN DE LA RATIONALITÉ DE LA DOCTRINE CATHOLIQUE. 1 vol in-8. 1849.

LA CLEF DE LA PHILOSOPHIE, OU LA VÉRITÉ SUR L'ÊTRE ET LE DEVENIR. 1 vol. in-8. 1851.

TRAITÉ DES FACULTÉS. 1 vol. in-8. 1859.

DE CATEGORIIS. DISSERTATIO PHILOSOPHICA. 1 vol. in-8. 1859.

PRINCIPES FONDAMENTAUX DE PHILOSOPHIE MATHÉMATIQUE. 1 vol. in-8. 1860.

DE LA PLURALITÉ DES MONDES. 1 vol. in-12. 1861.

TRAITÉ DES ACTES. Sommaire de Métaphysique. In-12. 1862.

LA LÉVITATION ET LA REVUE SCIENTIFIQUE. 1 vol. in-12 1886.

LA CLEF DE LA SCIENCE EN L'APPAREIL THORE. 1 vol. in-12. 1887.

IDENTITÉ DE LA NOUVELLE FORCE THORE ET DU MAGNÉTISME ANIMAL. 1 vol. in-12. 1888.

DU VITALISME EN PHYSIOLOGIE COMME SCIENCE. 1 vol. in-12. 1888.

LES SECTIONS CONIQUES EN PHYSIOLOGIE RATIONNELLE. 1 vol. in-8. 1888.

DES SÉRIES EN PHYSIOLOGIE RATIONNELLE. 1 vol. in-8. 1888.

COSMOLOGIE ET VITALISME SOUS MÊME FORMULE GÉNÉRALE. 1 vol. in-12. 1889.

DE LA SUPERPOSITION DES PUISSANCES EN REPRÉSENTATION INTERNE-EXTERNE

PAR

Jn-ÉMILE FILACHOU
Docteur ès Lettres

Multa... membra, unum... corpus.
I Cor. xii, 20.

MONTPELLIER
BEAUMEVIELLE (Anc. Maison Seguin)
Rue Argenterie, 25

PARIS
DURAND ET PEDONE-LAURIEL
Rue Cujas, 9

1889

Montpellier, typographie Louis Grollier père, boulevard du Peyrou

AVANT-PROPOS

En affirmant l'unité radicale de tous les êtres, il en faut aussi maintenir la distinction et la subordination obligée, du premier au dernier ; car, à peine distincts, tous sont loin d'être égaux en relation, et ce n'est point alors une petite affaire de savoir les coordonner en tant qu'égaux, ou bien encore les hiérarchiser en tant qu'inégaux. Il règne en effet entre eux, au double point de vue subjectif et objectif, une inversion nécessaire, provenant de ce que, par exemple, celui qui se pose d'abord en objectif — et par suite en inférieur au subjectif correspondant, dans le rapport de *fin* à *principe*, — ne manque point de se relever aussitôt à son égard en s'appropriant à son tour le rôle de *principe* et lui rétrocédant celui de *fin* ; et cela non une seule fois, mais deux fois, trois fois, un nombre même indéfini de fois : d'où résulte un enchaînement au moins *relatif* d'êtres absolus ou personnellement irréductibles d'ailleurs, dont nous avons été — si nous ne nous trompons — le premier à rechercher la formule, et même à l'indiquer, assignant à cette fin le binôme de Newton comme série *potentielle* immédiatement grossissable de deux autres sortes de séries *géomé-*

trique et *arithmétique* en complétant l'implicite valeur représentative originaire.

Mais, comme, — ainsi qu'il arrive en tout essai de se frayer une voie nouvelle où l'on se contente de planter en premier lieu des jalons indicateurs de la direction à suivre, — en donnant pour expression à l'enchaînement de tous les êtres considérés au triple point de vue *général, spécial* ou *particulier,* la série *potentielle* binomique seulement grossie des deux autres *géométrique* et *arithmétique,* nous n'avons point été jusqu'à désigner la manière dont ces deux nouvelles sortes de séries s'adaptent à la radicale potentielle ainsi que l'une à l'autre, nous avons laissé par là même subsister dans notre exposition, entre elles, une lacune évidente qui pourrait sembler l'invalider et porter dès lors obstacle aux applications que nous devons avoir en vue d'en faire plus tard à tous les cas d'évolution possible en ressort tant objectif que subjectif ; et, pour obvier à cet inconvénient en comblant cette lacune, nous en ferons ici provisoirement l'application au cas particulier de la *vie végétative,* qui nous offre effectivement (par ex., en la *plante* qui sort d'une graine pour reproduire cette même graine et survient en manière de *série* — comprise entre deux graines, l'une *fin principe* et l'autre *principe fin*), une *première* évolution *potentielle* dans le genre de la double formule $a^6 b^0, a^0 b^6$; laquelle, accompagnée d'une *seconde* évolution cette fois *géométrique* en plan transversal et constitutive de grosseur proportionnelle à la hauteur fondamentale, marche avec elle d'un même pas, dont la répétition donne naturellement naissance à la troisième sorte d'évolution finale dite par nous *arithmétique*.

Après cette assimilation des trois sortes de séries *potentielle*, *géométrique* et *arithmétique*, aux trois modes d'évolution d'une plante quelconque (tige de blé, plantain, roseau), dont l'accroissement en hauteur et grosseur s'accompagne de segmentation régulière plus ou moins apparente, il n'y a plus de doute possible sur le sens et la réalité de leur simultané fonctionnement ; et désormais il nous sera conséquemment loisible de ne plus songer qu'à signaler les divers genres d'évolution effectués en ressort objectif ou subjectif sur ce type commun vraiment universel. Avant d'entrer en matière, nous consignerons seulement ici l'admirable confirmation apportée de nouveau comme à l'improviste à nos idées sur les jeux respectifs de la lumière et de l'électricité, par les expériences de M. Herz, exposées dans le N° 19 (11 mai 1889) de la *Revue Scientifique*, sous ce titre : *Les Ondulations électriques*.

Cassagnoles, 14 mai 1889.

DE LA
SUPERPOSITION
DES PUISSANCES
EN
REPRÉSENTATION INTERNE-EXTERNE

---

1. Nous représentons en réalité tout en dehors de nous, avant que la réflexion intervienne et nous oblige de diviser le phénomène originairement objectif en deux parts, dont celle qui se sépare de l'objectif radical gardant sa première position se retire alors, pour s'en distinguer au dedans, et n'en reste pas moins foncièrement coexistante à son apparente devancière et productrice, quoique au fond ce soit bien cette dernière apparue, tout spécialement subjective en principe et de fait, qui soit la vraie génératrice ou productrice de la rémanante objective.

La seule manière de bien concevoir ce premier démêlement de subjectif et d'objectif en pleine superposition originaire, sensiblement tout *externe* pour déploiement *représentatif* de l'activité fonctionnant d'abord en simple centre *virtuel* d'une immense objectivité périphérique, serait de réputer ce même point central essentiellement subjectif en tout état de cause, circonvenu secrètement d'un second et pareillement immense déploiement d'exercice seulement tout *négatif* cette fois par opposition au précédent censé tout *positif* ; c'est pourquoi, figurant alors le *positif* par l'expression 1^{+3} on a pour figurer le *négatif* l'expression 1^{-3} et pour commune figure des deux l'expression totale $1^{\pm 3}$. Le mode de représentation du déploiement *positif*, comme en apparence premier, s'approprie naturellement la direction du regard en avant, d'où résulte la nécessité de se figurer le déploiement *négatif* inverse rejeté constamment en arrière à son égard ; ce qui ne laisse point de concorder parfaitement avec l'attribution de la priorité d'exercice au négatif, alors que l'activité ne peut être censée se porter en avant sans venir de l'arrière. Mais, encore une fois, tout cet arrangement à la file et d'arrière en avant en passant par le centre n'empêche point que, au sens-près, les deux déploiements ne se fassent en commun, ou comme superposés, autour du même centre absolu subjectif ; et c'est alors de cette superposition ou de ses suites en tout genre que nous allons ici nous entretenir en vue de donner à la représentation du phénomène objectif en général toute la distinction et précision en coordination ou subordination, dont elle est analytiquement susceptible.

2. Pour entrer en matière, commençons par nous fixer sur le genre ou la nature *absolue-relative* des puissances qui doivent ici concourir à la production du phénomène objectif. Ces puissances ne peuvent être autres que les trois bien connues de nous et nommées Sens, Intellect, Esprit. La même activité radicale *absolue*, qui se pose *relativement* en elles, ne nous permet point de ne pas les superposer entièrement en principe. Car la *sensible* en étant conçue résumer en soi — comme centrale — tous les effets de la première force universelle qui est *l'attraction*, il faut que, se

posant immédiatement à sa suite par réaction adéquate à l'action préalable, l'*intellectuelle* fasse — comme focale — partir du même point son opération contraire ou divergente ; après quoi, comme les deux actions précédentes *convergente* et *divergente* ont manifestement leur maximum de tension respective au même point pour universel afflux de l'une et reflux de l'autre, aussi nécessairement encore il faut que la troisième puissance dite *spirituelle*, émanant en ce même point de leur complète annulation respective à l'état *neutre*, s'y pose de même universellement à sa manière. Ce point figure donc incontestablement à la fois comme *central* avec le Sens, comme *focal* avec l'Intellect, et comme *moyen* avec l'Esprit. Si, maintenant, les trois puissances sensible, intellectuelle et spirituelle, concourant au même point malgré leur différence de fonctionnement, s'y rencontrent radicalement douées du même degré d'exercice effectif embrassant tout le domaine des choses objectivement réalisables à leur entour, ce n'est pas à dire pour cela que, dans leur évolution illimitée vers le dehors, l'emploi s'en fasse sur le même type. Car, si par ex. l'attraction de l'une débute sur le contour à distance infinie avec la valeur O (zéro) pour finir au centre avec la valeur entière de l'unité ou 1, la répulsion de l'autre, débutant au contraire avec la même valeur entière égale à 1, doit avoir effectué de son côté jusqu'à l'infini le même trajet pour aboutir à O : conséquemment, leurs deux fonctionnements objectifs, quoique absolument équivalents, sont relativement tout opposés ou même contradictoires. Le fonctionnement de la troisième puissance qui est la spirituelle, parce qu'il résulte du conflit des deux précédentes dont elle émane, ne peut plus être alors ni convergent par attraction comme celui du Sens central, ni divergent par répulsion comme celui de l'Intellect *focal;* mais, abstraction faite de toute action réelle tant régulière qu'attractive, ne peut-il être et rester, par simple *tendance,* habituellement convergent et divergent en idée du moins, suivant que, par mémoire ou prévision, se reproduit en idée le double cas dans lequel se déploie le double exercice antagoniste de l'Intellect et du Sens ? En l'état *tendantiel*, l'Esprit fonctionne donc tout à fait comme le Sens et l'Intellect fonctionnent les premiers par *acte* ; mais, n'offrant ni le caractère *physique* de l'un ni le caractère *formel* de l'autre, il est du même coup exempt de toute variation réelle l'amenant ou ramenant tour à tour en ressort externe de 0 à 1 ou de 1 à 0, sans pour cela devenir étranger à ce double mouvement exécuté sous ses yeux, quand, planant en pensée dans l'espace entre les mêmes limites, il a l'avantage d'aboutir à la fois *virtuellement* aux mêmes deux états extrêmes, que ses précurseurs le Sens et l'Intellect n'atteignent qu'alternativement.

3. Tout ce que nous venons de dire est évident. Qu'un mobile compris dans la sphère d'attraction d'un centre ne soit retenu par rien : il tombe vers le centre, et la vitesse s'en accélère incessamment jusqu'au centre. Qu'il parte au contraire du centre avec une vitesse initiale quelconque : la même vitesse en décroît incessamment jusqu'à zéro. Que, pour une raison quelconque, il éprouve enfin un arrêt constant

entre les deux limites de vitesse totale ou nulle, l'actuel mouvement subitement suspendu se traduit en double tendance simultanée, soit à monter, soit à descendre, laquelle varie suivant la situation du point d'arrêt sur la direction. Reprenant après cela la considération des forces productrices de ce triple effet et qui sont les trois dites *attractive*, *répulsive*, *impulsive*, — si nous les supposons en principe toutes égales à l'unité, leurs trois effets se superposent comme elles, en prenant la forme de l'expression 1^3 attribuable aussi bien à leur ensemble qu'à chacune d'elles en particulier ; et, le caractère *unitaire* n'en excluant pas *l'universel*, elles nous donnent ainsi, d'abord, prises toutes ensemble, une sphère universelle indéfinie, puis, prises chacune à part, trois sphères universelles encore indéfinies, mais cette fois bien distinctes et même irréductibles ; ce dont nous avons constamment la preuve sous les yeux dans notre manière de nous représenter habituellement l'univers. Car, nous en faisant chacun le centre, nous nous en représentons tous les autres êtres intégrants comme répandus à notre entour;

et tout d'abord, en même temps que nous en contractons cette forme de représentation totale sphérique indéfinie pour le Sens, notre Intellect et notre Esprit sont bien obligés en premier lieu de s'y prêter également : elle est donc forcément tout d'abord universelle aussi bien qu'une. Néanmoins, cette universalité constante et radicale du monde objectif n'en exclut point une division ou multiplication d'abord double et puis triple. Car, d'après ce que nous savons déjà, l'universalité perçue par l'Esprit doit être et rester dans son mode respectif de fonctionnement — *virtuelle*, quand elle apparaît à l'Intellect ainsi qu'au Sens associés, *formelle* et *physique* tout ensemble ; et pour lors, cette complexion du *formel* et du *physique* cessant, la première universalité, déjà traduite en *virtuelle* d'une part, se sousdivise en la *formelle* du seul Intellect extensif étalant devant nous l'espace vide, et en la *physique* du seul Sens intensif nous en fournissant le donné matériel. Ne le voudrions-nous pas, en effet : nous ne saurions nous dispenser de faire trois parts de l'universalité radicale, par considération distincte, en elle, d'abord de la *force* en occupant tout l'espace, puis de l'*espace* en logeant la matière, et enfin de la matière en remplissant certaines parties ou s'y mouvant de l'une à l'autre avec plus ou moins de force ou de vitesse.

Indépendamment de sa disposition en *sphère* universelle indéfinie, le monde objectif radical en présente une autre inséparable de la précédente, qui est la linéaire *rayonnante*. Non moins involontairement en effet que nous voyons tout en rond à notre entour, nous concevons, de nous à ce contour, une innombrable multitude de directions comparables aux rais joignant au moyeu d'une roue toutes les jantes ; et, pour nous assurer que cette nouvelle disposition *linéaire* et même rectiligne s'impose aussi nécessairement que la précédente *sphérique*, nous n'avons qu'à remarquer l'inévitable rectitude du regard porté vers un objet quelconque percevable à distance. Ce regard peut bien varier de position et passer d'un objet à l'autre en manière de rayon vecteur ; mais il opère bien constamment en rayon vecteur sans se plier à des mouvements sinueux apparents dans son trajet du centre à la circonférence. Les deux formes *sphérique* et *rayonnante* font donc essentiellement partie de notre représentation de l'univers.

A ces deux premières parties essentielles et nécessaires de notre représentation de l'univers s'en adjoint maintenant par art ou par industrie, mais non avec la même promptitude ou nécessité radicales, une troisième complétive des deux précédentes, et qui est le sectionnement de la sphère en trois grands *cercles* nommés méridien, équateur et horizon rationnel. La preuve que ce *triple sectionnement* ne s'impose point avec la même nécessité que les deux formes *sphérique* et *rayonnante*, nous l'avons dans notre manière habituelle de nous représenter l'espace objectif en rond, avec de simples rayons divergents, sans y joindre la distribution de ces mêmes rayons en plans fixes pareillement arrondis sur leurs bords et rectangulaires entr'eux; la moindre observation attentive sur ce point suffit pour nous renseigner parfaitement à cet égard. Le triple sectionnement circulaire ici considéré n'est donc point chez nous inné, mais acquis ; et voici pour lors comment nous l'acquérons. En raison, le premier cercle construit semblerait devoir être le méridien, comme contenant en soi l'axe fondamental avec ses deux pôles, aussi fondamentaux ; mais en fait, quoique impliqué par l'équatorial, il est devancé par ce dernier, parce que ce dernier n'a point, comme lui, le désavantage de se confondre avec le plan du rayon visuel auquel il se trouve au contraire normal, et qu'alors, coupant à la fois normalement le méridien et ce même plan du rayon visuel, il tombe en plein sous la vision immédiate et ressort ainsi le premier, comme tranchant sur les deux autres plans aussitôt mais non plutôt aperçus, faute d'opposition. Jetant en effet les yeux autour de nous dans la profondeur de l'espace originairement indivis, nous portons naturellement tout d'abord notre regard sur les objets visibles, tels que, par exemple, le Soleil ; et, voyant alors ce corps se mouvoir sur la voûte céleste, dans un plan normal à notre rayon visuel et réductible à l'*équatorial*, nous saisissons et nous représentons d'emblée ce plan quotidiennement décrit, dont la perception suffit d'ailleurs à réveiller ou susciter l'idée du *méridien* assurément préexistant, mais non remarqué pour cela jusqu'à cette heure. Une fois nantis des deux plans différents équatorial et méridien, nous voyons enfin apparaître à leur suite en troisième lieu, mais non plus tôt, l'*horizon* rationel ; ce retard est fondé sur la nécessité pour lui de trouver une place toute faite dans l'espace pour pouvoir apparaître, mais cette place est déjà faite au moment de la simultanée perception des deux plans circulaires normaux entr'eux, équatorial et méridien, auxquels le plan horizontal rationnel est seul associable au même titre de rectangulaire. Par la reconnaissance finale de l'horizon rationnel, le nombre des cercles fondamentaux se complète donc, en même temps que se complète aussi par ce moyen la représentation de l'objectivité phénoménique, par l'addition, à ses deux premiers aspects *sphérique* et *rayonnant* déjà reconnus, du troisième ou *circulaire* éminemment apte à nous en montrer désormais en ses trois exemplaires l'emploi le plus utile et le plus varié.

4. Les trois grands cercles, méridien, équatorial et horizontal sont tout d'abord applicables en terre ; mais ils sont en outre également applicables au ciel, ainsi que par surcroît encore à l'univers entier ; et cela de nouveau par trois fois, en procédant ici par *ordre* de grandeur croissante, toujours *en apparence* antérieur à son inverse et précurseur obligé purement *rationnel*. Nous avons admis déjà que le premier des trois grands cercles apparaissant de fait en terre est l'équatorial. Pour leur application analogue au ciel, il y doit exister un plan faisant le même office que l'équateur terrestre, ou bien pouvant et devant attirer sur lui-même l'attention avant qu'elle soit réversible sur d'autres lieux pareils. Or un tel plan s'y trouve être effectivement assignable ; à savoir dans la voie lactée, dont le rôle une fois aussi bien déterminé suffit à nous fixer sur la position du méridien céleste, en attendant que de cette double détermination préalable dérive ensuite celle de l'horizon corrélatif. De là, voulons-nous

remonter alors jusqu'aux trois grands cercles assignables en l'univers entier, qui, pris dans sa totalité, doit-être censé rigoureusement infini, la seule pensée de cette tentative nous est une raison, tout en retenant l'idée de centre réel partout localisable, de répartir aussi partout la position respective des trois cercles fondamentaux, avec cette réserve que les directions respectives n'en cesseront jamais d'être rectangulaires entre elles ; de sorte qu'alors le seul trait caractéristique résiduel en soit cette seule *triplicité de directions* rectangulaires à partir d'un centre cummun, dont, *infinies*, elles représentent toute *l'imaginaire extension*, en même temps que, comme *simples*, il en représente de son côté toute la *réalité*.

Comme, par sa simplicité formelle, le centre commun des trois grands cercles fondamenmentaux, tous infinis en l'espace infini, — est pour eux un principe absolu de co-existence et de superposition en son intrinsèque *unité* de position, ces mêmes cercles lui servant à leur tour de théâtre illimité d'application le dotent par là même inversement — puisque nulle frac-

tion finie de l'espace infini ne diffère du simple
— de leur propre *infinie* grandeur imaginaire,
et, de cette manière, leur *ensemble* trois fois
centralisé de fait, devient l'équivalent d'un
même *centre* absolu trois fois *universel* également. De cet ensemble ainsi constitué, ne changeons rien en sa constitution même intrinsèque,
et bornons-nous à restreindre le caractère d'*objective infinité* censé s'y joindre à tous les
autres caractères *subjectifs* déjà reconnus lui
convenir, tels que la *triplicité de plans circulaires*, la *rectangularité des mêmes plans*, etc. :
notre première manière de concevoir le monde
se modifiant de cette sorte, nous sommes amenés
à le réputer désormais dédoublé non moins que
redoublé tout à la fois, par la mise en opposition en lui-même, avec lui-même constamment
infini, d'une seconde manière d'être ou d'agir
de lui-même seulement *indéfinie* désormais
en ressort contingent habituel. Ces deux pareils
états ne sont point incompatibles, mais peuvent
très-bien au contraire s'allier à la façon, par
exemple, de l'*essence* et du *mode* ; l'*infini*
précédent fonctionnant en qualité d'essence,

l'*indéfini* survenant s'y rallie comme mode : là, l'activité se dédouble et redouble donc en même temps. Mais, dès lors que nous pouvons ainsi restreindre en raison aussi bien que de fait l'*objective infinité* d'un premier ensemble ou la traduire en simple manière d'être ou d'agir indéfinie, comment ne pourrions-nous aller plus loin encore et passer en dernier lieu de l'*indéfini* au *fini*, de même que, après descente du degré 3 au degré 2, on descend encore du degré 2 au degré 1 ? Suivant ce nouveau pas en détermination objective, on ne suspend pas plus, par la plus basse limite nouvellement introduite à l'état de *fait*, la précédente limite initiale indéterminée valable comme *espèce*, que par la note moyenne d'*espèce* adjointe à l'*essence* des choses on n'enlève ou n'annule cette dernière. La réalité varie donc dans les trois sortes d'ensembles consécutifs pour détermination objective comme elle varie dans les trois sortes de positions respectivement qualifiées de *générale*, de *spéciale* ou de *particulière*, dont nous dénommons alors la générale *virtuelle*, la spéciale *formelle*, et la particulière *physique* pure.

Maintenant, les trois modes d'ensembles, *virtuel* infiniment extensif, *formel* moyennement extensif, et *physique* élémentairement extensif, sont, sous le rapport de *l'intensité*, tout autrement constitués que sous le rapport de *l'extension* ; car, en changeant ainsi d'aspect, tous les rapports précédents sont renversés, et les moins intensifs des ensembles sont ici les *virtuels*, les moyennement intensifs sont les *formels*, et les plus intensifs sont les *physiques*. A ce point de vue, *l'extension* et *l'intensité* sont les deux termes contradictoires d'une seule et même relation, dont le trait commun ou l'idée commune est la *grandeur* ; et, si d'abord nous n'avons nulle peine à concevoir la grandeur extensive croissant à partir du centre commun au fur et à mesure que nous franchissons les limites du fini physique et de l'indéfini formel pour atteindre à la plénitude de l'infini virtuel, nous devons aisément concevoir ensuite la grandeur intensive croissant à son tour au fur et à mesure que nous revenons du fonctionnement exclusivement particulier et périphérique virtuel au fonctionnement moyen ou spécial formel pour retomber dans le général et physique central. Qu'il s'agisse d'extension ou d'intensité, la seule idée de *grandeur* reste, avons-nous dit, le trait saillant ou dominant et caractéristique dans les deux cas : elle est donc là toujours prise absolument en manière de genre ou d'universalité réelle à *priori*; d'où nous est venue, du reste, la possibilité d'admettre — sous la graduelle variation de cette objectivité première — une parfaite immanence de tout le Subjectif sous-jacent et consistant (abstraction faite de l'idée même de grandeur) en *unité centrale* et *triple circularité rectangulaire*. Est-ce que, maintenant, à cette même idée de grandeur divisée relativement (à titre de *genre*) en extensive ou intensive, il ne nous serait point possible d'attribuer d'autres divisions ou sous-divisions ? Toute division d'un *genre* donne naturellement naissance à des *espèces*, lesquelles sont toujours au moins au nombre de deux, quand le *genre* n'est point censé descendu lui-même au rang d'*espèce* pour en porter le nombre à trois. Mais les deux *espèces* immédiates nous en sont déjà connues ; et, puisque dans leur production il ne se différencie pas moins qu'il ne se reproduit en elles, il faut bien que, autant elles retiennent au moins formellement de sa grandeur, autant elles participent également à sa divisibilité radicale. L'une et l'autre *espèce* reste donc de nouveau qualitativement divisible en deux *sous-espèces*, lesquelles, comme attribuables indistinctement aux deux *espèces*, ne peuvent ne pas recevoir alors les mêmes dénominations, et consistent en deux modes habituels d'atténuation de leur double fonctionnement intrinsèque sous forme de prêts ou d'emprunts réciproques entre le *genre* intégral et l'*espèce* divisée ; là, la sphère (1^3) se rapprochant du cercle (1^2), ou le cercle (1^2) se rapprochant de la sphère (1^3), par empiétement ou retrait de part ou d'autre dans ce qu'on appelle *zones* ou *bandes* circulaires prises sur toute surface sphérique dans des plans respectivement normaux ou parallèles à l'axe principal.

5. La transition qui vient de nous mener, des trois concepts *infinis* radicaux de *sphère*,

de *cercle* et de *ligne*, aux deux autres (évidemment subordonnés aux précédents) de *zones* transversales et de *bandes* longitudinales *indéfinies* d'ordre moyen entre l'infinité des premiers concepts *généraux* et la positive limitation des *particuliers* postérieurement assignables, est un grand pas de l'Activité radicale en dehors d'elle-même et vers ou dans la contingence, dont nous devons ici soigneusement nous rendre compte en le considérant sous toutes ses faces.

Les trois concepts généraux primitifs de sphère, de cercle et de ligne ou rayon étant quoique parfaitement déterminés entre eux en ressort *subjectif* — aussi pleinement indéterminés qu'il est possible entre eux-mêmes en ressort *objectif* (puisqu'ici tous les lieux imaginables ne sont pas moins appropriables à chacun d'eux qu'aux deux autres) et par suite encore également *infinis* dans ce dernier ressort, — lorsque nous voulons les voir sortir de leur état immanent originaire pour se donner des déterminations contingentes spéciales ou particulières mais tout d'abord spéciales, nous introduisons forcément en eux ou dans leur emploi l'*idée* de temps au moins *rationnel*, sinon du premier coup *sensible ;* ce dont l'immédiate conséquence est de nous faire distinguer en elles les deux termes de rapport sériel appelés *principe* et *fin,* seuls propres à donner à cette même idée de temps sa première signification rationnelle *absolue*. Nous disons absolue, pour nous en ménager la nouvelle mise en scène contingente et relative consistant en l'ultérieure inversion toujours possible du premier principe en fin seconde, ainsi que de la première fin en principe second, etc... Mais, cela dit, reprenons l'idée de temps telle que nous venons de la définir, ou comme expression de succession de termes respectivement qualifiables de principe et de fin l'un pour l'autre avant même qu'il puisse être question d'inversion subséquente de fonctionnement entre eux, sans en exclure pour cela la possibilité ni même l'imminence.

Ainsi considérée tout d'abord, l'idée de temps doit *à priori* nous apparaître *imaginaire* en son Tout ; car elle équivaut à la subite installation, à la suite d'un premier point fixe, d'un second point complétement distinct de fait (à titre, par ex. de contradictoire), et dont par conséquent, sauf la relation d'origine ou d'effet à cause, nul rattachement au premier n'est assignable dans le premier moment de son émission non plus tôt commencée qu'achevée. Dans ce cas assimilable au rapport de père à fils dont nul terme n'est concevable sans l'autre et dont par conséquent chacun est coéternel à son corrélatif, il y a manifestement aussi coexistence éternelle de la *corrélation* avec l'éternelle et commune position *sérielle* attribuable aux deux termes ; et, si l'opposition présupposée contradictoire les éloigne infiniment, l'éternelle corrélation originaire en fait néanmoins inversement une vraie superposition absolue, que nous désignerons par les mots d'unité de centralisation actuelle. Là donc ou bien en l'idée radicale de *temps* synonyme de succession immédiate, tout est et reste encore infini, d'abord pour simplicité de termes, et puis pour infinité soit d'écart soit de pénétration. Tandis qu'alors l'absolue centralisation ne fait des deux termes relatifs qu'un seul terme, et que néanmoins leur absolue dispersion en fait au même moment deux positions n'ayant imaginairement rien de commun ensemble, la puissance réunie dans le centre et son effet étalé sans limites hors du centre ne cessant point de subsister en pleine équivalence, nous ne pouvons nous empêcher de nous figurer autant infinies l'une que l'autre ces deux conditions d'exercice absolu radical ; et, si nous continuons de placer l'action au centre sous forme de pleine intensité réelle, la passion rejetée sur le contour en occupera sans restriction aucune l'immense étendue périphérique ; et cet état expansif infini sera là comme l'imaginaire enveloppe du simple mais infiniment concentré réel agent central. Tel étant maintenant le rapport essentiel et radical entre tout *centre* absolu de force et son *effet* objectif ou représentatif immédiat, parce qu'en eux le *principe* et la *fin* comportent la même expression potentielle $1^{(\pm)3}$ — si nous comparons de nouveau sous les deux mêmes aspects de principe et de fin tout *centre de cercle* et tout *centre de rayons pris deux à deux* en guise de diamètre, nous devons, par les mêmes considérations de tout à l'heure, réputer ici doué de la même infinité que le double *centre* admis, le double *effet* qui s'en étale, ou tout autour en plan, ou de part et d'autre en deux rayons distincts courant en sens contraire; et, ce qu'il y a pour lors de commun entre les trois cas précédents graduellement néanmoins aussi différents l'un de l'autre que les trois expressions $1^3 > 1^2 > 1^1$, c'est, outre l'infinité respective d'ensemble à dimension ou triple ou double ou simple, l'exclusif mais constant mode d'emploi de dedans en dehors ou de dehors en dedans, que, en raison de cette unique direction, nous nommerons *longitudinal* en sens, pour directe application *rayonnante* (et sous ce rapport *verticale*) de centre à contour et de contour à centre. Rompons maintenant avec cette unique manière de procéder entre centre et contour sous forme de rayonnement direct; et, continuant de raisonner dans l'hypothèse d'une sphère infinie, supposons, en son centre pareillement infini, des rayons associés en *plans* d'une largeur quelconque mais finie, dans lesquels il nous sera loisible alors de voir des *bandes* dirigées vers le dehors en traversant toutes les régions superp sées de l'espace objectif; et supposons encore ces mêmes *bandes* rencontrant sur leur trajet des surfaces sphériques distinctes en manière d'assises qu'elles coupent normalement, en donnant ainsi naissance à des zones horizontalement disposées en sphères concentriques, comme les bandes le sont elles-mêmes en plans verticaux formés de rayons parallèles : n'est-il pas manifeste qu'alors, comme les rayons en s'associant forment des bandes équivalentes au produit — par un certain facteur — du premier d'entre eux censé se déplacer dans leur plan commun, de même encore toute zone est une grandeur équivalente à la portion d'espace circulaire qui serait décrite par un segment de circonférence censé révolutif ou bien animé d'une certaine vitesse rotatoire ? Imaginons donc alternativement soit une corde d'arc facultativement mobile dans un même plan vertical, soit l'axe lui-même facultativement mobile encore autour de son centre entre deux plans parallèles verticaux; nous avons sous nos yeux, dans le premier de ces cas une *bande*, et dans le second une *zone*, semblablement construites l'une et l'autre au moyen de deux facteurs respectivement constitués comme multiplicande et multiplicateur, ou l'un tout passif et l'autre tout actif, dont, si nous représentons le mobile par T et le moteur par V, le double ensemble sera figurable par le même produit commun VT. Les deux ensembles, s'offrant alors à nous sous un même type qualifiable de système *binaire*, sont par là même opposables et comparables à l'ensemble considéré précédemment et systématiquement construit sur un type *ternaire* pour association en lui de trois facteurs ou plutôt de trois radicaux inséparables ou s'impliquant l'un l'autre incessamment, d'où lui vient la note caractéristique d'*infinité* désormais irretrouvable en système *binaire* dérivé, comme nous allons actuellement le reconnaître sans peine, en observant que ce dernier ne se compose plus que de facteurs *indéfinis* ou *finis*, mais tout d'abord spécialement *indéfinis*.

La démonstration de cette dernière assertion, nous la demanderons à la notion du *temps*, dont nous nous sommes déjà servis pour démontrer l'*infinité* des trois modes radicaux d'exercice par *sphère*, *cercle* et *rayon*. L'exercice de l'Activité radicale est toujours en lui-même et radicalement une sorte de bercement, qui peut seulement varier alors de plusieurs manières, à savoir : en *degré*, *qualité*, ou *quantité* pure et simple. Varie-t-il en *degré*, comme lorsqu'on passe de 1^3 à 1^2 et de 1^2 à 1^1 ; dans ce cas, le virement est toujours infini, d'après les premiers principes de l'analyse mathématique ; car on y change pleinement de dimension ou direction, ainsi que la chose arrive toutes les fois que les termes opposés et confrontés sont *contradictoires*, leur contradiction faisant que, obligé de se poser en l'un ou l'autre extrême sans pouvoir s'y fixer exclusivement, on retrouve constamment de cette manière par l'incessant aller et venir qui s'ensuit, en la fin de l'une l'origine de l'autre, ou réciproquement. Mais au lieu d'être incessamment ainsi ballotté d'un extrême à l'autre, chose toujours *instantanément* faite pour réduction du *temps* à son absolu minimum $= 0$, — l'on peut bien seulement l'être déjà de *contraire* à *contraire* pour simple différence actuelle, non plus de *genres* comme tout à l'heure (par exemple entre *Sens* $= 1\genfrac{\{}{\}}{0pt}{}{3}{1}$ et *Esprit* $= 1\genfrac{\{}{\}}{0pt}{}{1}{3}$), mais d'*espèces* ainsi que cela serait s'il s'agissait d'un échange de rôles factoriels par permutation de rang au seul second degré de la puissance en cas de produits tels que *ab, xy,* ou *ay, bx*. Cette fois, le cas est effectivement bien autre que celui dans lequel le même radical fonctionnerait toujours aux trois degrés de la puissance comme en $a\ a\ a = a^3$, $a\ a = a^2$, $a = a^1$, et varierait ainsi de degré sans perte d'infinité. Supposant au contraire ici position arrêtée de l'un des termes factoriels dès lors *qualifié* par ce seul fait, et le voulant simultanément trouver appliqué par *imitation*, non dans un *genre* nouveau du troisième degré, mais seulement dans un autre mode *spécial* d'exercice pris sur le rectangulaire ou contraire (sans aboutir au contradictoire) au sien comme l'est le tranversal adjoint au longitudinal ou le longitudinal adjoint au tranversal, nous pouvons assimiler les deux aux deux composantes dans un carré dont elles nous fournissent la diagonale. Le centre des deux lignes existe à leur point de rencontre. Si là, par hypothèse, elles fusionnent et se combinent, elles en partent chacune grosse de l'autre ; et si la longitudinale et la transversale gardent à la fois intact leur premier caractère respectivement figuré par a et b, elles y divergent bien indéfiniment dans leur prolongation en la forme des deux produits $a\,b$, ba ; ce dont la cause ou le principe cette fois relatif est, non en la force ou direction *fondamentale* ou fixe, mais en la force ou direction *auxiliaire* faisant office de vitesse impulsive ou motrice mise — jusqu'à rappel ou nouvel ordre — au service de son associée toute passive à son égard, comme est censé passif tout multiplicande à l'égard de son multiplicateur. Par ces diverses observations, nous expliquons bien cependant les seuls rapports réciproques des forces ou directions concourantes, mais nous laissons inexpliquée l'origine du temps rationnel *indéfini* déjà dit devoir ici se substituer au radical *infini* ou *nul* (car ces deux expressions peuvent ici passer pour synonymes) ; abordons donc actuellement cette dernière question, et résolvons-la, si c'est possible, en quelques mots. En direction *longitudinale*, tout regard libre atteint notoirement d'un seul coup (à moins d'empêchement objectif dont nous pouvons ici faire abstraction) au terme de sa vision, indépendamment de toute variation de distance, ou bien en d'autres termes il n'y a point de distance ou de temps pour la vue *subjective* ; mais veut-on détourner le regard de sa direction longitudinale primitive pour lui permettre d'embrasser les alentours de son centre objectif visuel, il doit s'infléchir à cette fin vers la droite ou la gauche et le haut ou le bas ; il doit, en un mot, s'étendre en même temps qu'il s'allonge peut-être, ou bien il doit combiner les deux directions longitudinale et transversale, ou mieux encore faire deux actions au lieu d'une seule, et faire bien plus les deux en une, laquelle peut bien tomber en conséquence au dessous de toute valeur assignable, mais n'est jamais faite pourtant en temps nul, puisqu'on ne saurait prétendre que là la fin doublée de l'action s'en identifie complétement avec le simple début dont elle diffère assez en constitution ou nature pour rendre jusqu'à un certain point apparente la différence de pose propre aux deux. Au début, en effet, la pose est simple ; et, quoique la fin s'en suive sans intermédiaire, elle est cette fois ouvertement double ; les deux moments s'en distinguent donc au moins rationnellement ; et cependant, comme la distinction sérielle en tombe au dessous de toute valeur assignable, ce premier temps réel, également discernable de l'*infini* tout nul et du *fini* non encore perçu ni percevable, est seulement *indéfini*.

6. Ce que nous venons de dire, en cas de préposition de l'exercice longitudinal au transversal censé s'y joindre instantanément pour former un couple de forces ou de directions, convient également au cas inverse de préposition de l'exercice transversal au longitudinal. Car rien n'empêche de tenir pour longitudinal

le tranversal pris absolument en lui-même ; d'où résulte la transformation à son égard du longitudinal en transversal, et par suite l'aussi-patente ou nécessaire perpétration de ce nouveau cas pris dans son ensemble en *temps réel rationnel*. Néanmoins, il ne faudrait point pour cela songer un seul moment à confondre deux cas semblables, dont la distinction s'impose pour vraie permanence irréductible des deux rôles transversal et longitudinal primitifs dont l'originaire différence ne saurait être abolie par l'association subséquente. Malgré qu'en effet la même activité qui fonctionne déjà longitudinalement puisse coup sur coup fonctionner en tranversale et réciproquement, les rôles *acquis* n'en peuvent ou doivent se confondre jamais avec les *naturels* ; et la différence des deux rôles associés *acquis* et *naturel* est même en principe telle qu'on en peut dire le rapport infinitésimal. Comparant à l'infini l'indéfini, l'on trouve entre eux le rapport infini de l'intégrale 1^3 à sa dérivée première 1^2. Comparant ensuite au contraire cette même dérivée première 1^2 avec la dérivée seconde 1^1, on n'a qu'à remarquer le caractère final de cette dernière infiniment distante de la moyenne pour en conclure aussitôt que, comme entre la position *suprême* et la *moyenne* règne assez de différence pour créer en dessus entre les deux un abyme infini, de même entre les deux positions *moyenne* et *plus basse* élémentaire doit exister en dessous une différence analogue reléguant à l'état infinitésimal l'élémentaire inférieure. Nous tiendrons bientôt compte de cette différence trop essentielle pour ne pas entraîner après soi d'importantes conséquences; mais, avant de nous expliquer sur ce point, nous devons nous y préparer en mieux formulant l'expression représentative de l'*indéfini*, que (pour éviter toute inutile complication) nous n'avons fait jusqu'à cette heure.

Constamment, on représente l'*infini* par le signe ∞; pour la représentation du *fini*, l'on emploie les lettres de l'alphabet a, b, c..., et dans ce dernier cas on attache à ces lettres l'idée d'une valeur déterminée comme celle de l'un des nombres 2..., 5..., 9... La notion de l'*indéfini* ne comporte au contraire aucune détermination précise ou numérique et se prête plutôt à toutes semblables valeurs réelles, sans plus en exclure qu'inclure aucune : elle n'est donc pas plus figurable par le signe ∞ que par les lettres précédentes, et l'on adapte alors à leur représentation les dernières lettres de l'alphabet x, y, z, ou bien encore parfois ces autres t, s, ω, ρ, etc. L'idée d'*indéfini* vise donc toujours ou généralement des quantités finies, mais sans expresse désignation d'aucune valeur déterminée ; ce qui laisse alors planer sur ses expressions un reflet d'infinité *relative*, laquelle porte néanmoins plutôt sur la *qualité* que sur la *quantité* des choses. Ainsi, communément, on rattache à la lettre x l'idée de direction première ou de *longitude*, à la lettre y, l'idée de direction seconde ou de *latitude* ; et l'on exprime par z l'*altitude*, par t le *temps*, par ω les vitesses *angulaires* ou tranversales, et par ρ les longitudinales ou verticales assimilables aux *rayons vecteurs*. D'après cela voulant désigner des combinaisons de forces ou vitesses et *longitudinale* et *tranversale*, on emploie les produits xy, yx, avec intention fréquente d'assigner à la première lettre de tous couples similaires le rang de *fondamentale* et à la seconde le rang d'*auxiliaire*. Reprenant alors en considération le rapport infinitésimal que nous disions naguère exister entre les deux vitesses *longitudinale* et *transversale* combinées et représentées par les lettres x et y, nous devons écrire en cas de *longitudinale* fondamentale $x\,dy$, et en cas de *transversale* fondamentale à son tour $y\,dx$. Cela posé, voici la réelle signification de ces expressions en cette circonstance.

En chacune de ces deux expressions convenablement interprétées, nous voyons d'abord un produit provenant d'association dynamique entre deux forces ou vitesses contraires, dont l'une sert en quelque sorte, comme multiplicande, de *base* à l'autre appliquée respectivement en *acide* à titre de multiplicateur. Est-ce alors la force ou vitesse qui se pose en fondamentale : sa multiplication par la force ou vitesse transversale opérant en auxiliaire sous forme infinitésimale nous donne pour produit, au lieu d'une simple ligne ou plutôt de deux semblables lignes simplement agrégées, un petit rectangle formant *bande* verticale. Prenant au contraire pour *base* la direction transversale et pour *acide* la longitudinale, nous aurions inversement un produit infinitésimal, pareil sans doute au précédent, mais disposé normalement à son égard et formant cette fois *zone* horizontale. Par intégration, les deux formules $x\,dy$, $y\,dx$, nous donneraient soit une *bande* verticale, soit une *zone* horizontale *finies*, alors représentées par xy, yx ; mais cette détermination réelle de nos formules primitives $x\,dy$, $y\,dx$, en serait une grave modification ayant plus que l'effet apparent d'en agrandir et localiser tout à la fois le champ, elle aurait en outre l'invisible mais éminemment restrictif inconvénient de réduire — sous prétexte d'agrandissement — en champ *fini*, l'*infini* radical, secret sous-tendant d'*indéfini*, dont l'occulte répartition sur ou sous toute la surface sphérique est ce qui permet justement à ce dernier jusqu'à cette heure inaperçu de s'en attribuer imaginairement toute l'amplitude originaire, en l'absence de toutes limites apparentes dans un certain sens, comme si par hasard elle lui appartenait réellement. Il importe en effet fort peu sous ce dernier aspect que, en ressort *objectif*, le facteur *auxiliaire* ait l'air de n'apporter qu'une aide ou motion infinitésimale à la base ou donnée première : en ressort *subjectif*, l'identité de ce même facteur infinitésimal avec l'absolu radical le sous-tendant et dont il n'est qu'un mode le fait nécessairement bénéficier de tous ses avantages et notamment de son infinité radicale. Ainsi, plus le facteur auxiliaire se rapproche de l'infinitésimalité, plus il tient de l'infinité même ; et l'absolument infinitésimal finit par n'être même plus objectivement discernable de l'infini radical, dont il reste au moins *virtuellement* capable de parcourir l'immense champ d'application sans le moindre vestige de limites ou de retard en aucun sens.

C'est assurément à l'appui venant à l'*indéfini* de l'infinité de son propre principe absolu radical, qu'il est redevable de sa participation à tous ses privilèges ; mais, s'il n'a pas l'avantage de s'en attribuer directement et positivement la jouissance, il n'en est pas moins en droit d'en revendiquer *indirectement* et *négativement* la possession. D'abord, il s'en rend *négativement* digne par sa scrupuleuse attention, soit à ne point contracter d'alliance avec le *fini* quel qu'il soit, soit à s'en affranchir après contraction dès qu'elle peut porter obstacle à sa propre liberté radicale ; il y contribue d'ailleurs encore *indirectement* de la manière la plus efficace et la plus méritoire, par l'art et la vigueur qu'il met à disposer de toutes les relations finies possibles pour laisser se manifester en lui, dans toute sa puissance ou splendeur, la plénitude de l'activité radicale compatible avec sa propre indétermination habituelle. Car, pour n'être pas nul, le champ de l'indéfini lui-même n'implique rien moins, d'une part et comme en dessous ou par derrière, que la présence ou le soutènement de l'infini radical ; et, d'autre part, comme en dessus ou par devant, plus il se sectionne en admettant en plus grande quantité dans son sein le fini relatif, plus il rend apparente — en s'effaçant lui-même — l'équivalence finale de ce dernier produit de l'activité radicale avec son premier principe. Il est bien certain, en effet, que jusqu'au moment où la dernière fin ou les derniers effets d'un premier principe en égalent ou retracent l'originaire simplicité, la composition dont ils offrent l'image accuse l'habituelle intervention d'un moyen décelant par la diversité des arrangements consécutifs sa propre action ; mais cette même action aboutit-elle enfin à des effets tels qu'on ait un produit final de la forme $\frac{\infty}{1} \times \frac{\infty}{1}$? Le moyen, sans s'annuler, s'efface alors justement parce qu'au dernier moment l'effet produit égale autant en grandeur qu'en simplicité la perfection originaire de sa cause.

7. Les précédentes considérations sur le rôle de l'*indéfini* compris à titre de moyen entre l'*infini* radical et le *fini* subséquent, sont cependant trop vagues pour que nous puissions nous en contenter, et nous devons alors aborder autrement cette question en recherchant analytiquement comment il est possible que s'opère la révélation spontanée de la puissance, de la science ou de l'art, dans le champ de l'*indéfini*, seule réduction première possible de l'*infini* radical.

Le champ de l'infini radical étant l'immense extension vide uniforme de l'imaginaire circonscrit à l'intrinsèque plénitude de l'Absolu réel aussi radical alors central, nous en sommes précédemment sortis en y substituant en pensée (sinon en réalité, par effet rétroactif évidemment impossible en pareil cas) le nouveau champ de l'*indéfini* constitué, non plus (comme le primitif) d'une extension uniforme et vide illimitée, mais des deux sortes d'extensions limitables et planes ou superficielles que nous avons dénommées *bandes* quand elles étaient censées s'étendre indéfiniment en sens vertical, et *zones* quand elles étaient censées s'étendre indéfiniment en sens horizontal. Ordinairement disposées rectangulairement entre elles ou présupposées du moins telles en théorie, ces deux sortes d'extensions s'entrecoupent et se servent ainsi l'une à l'autre de caractère différentiel. Car, uniformément allongées d'abord par elles-mêmes en sens vertical, les *bandes* sont redevables, aux *zones*, des assises horizontales s'étalant sur leur hauteur à l'instar des raies transversalement observables sur la longueur d'un spectre vertical ; et de même, uniformément allongées tout d'abord à leur tour en sens horizontal, les zones sont redevables, aux *bandes*, de leur distribution partielle en échelons superposés et disposés en colonne ascendante. Ainsi, par l'opportun entremêlement des bandes et des zones entre elles, les *bandes* sont comme des *colonnes indéfinies* de *zones finies*, et les zones sont de leur côté comme des *assises indéfinies* de *bandes finies* ; et, chez toutes, l'*espèce* fondamentale immanente se caractérise ou différencie par l'adjointe *individualité* contraire dont l'intervention lui donne *corps* en même temps qu'elle se donne à son occasion la *forme* autrement impercevable sous laquelle elle apparaît. On aperçoit effectivement la forme au moyen des accidents inclus en elle, comme au moyen des particularités et des espèces on arrive à la perception des genres absolus, et par là nous comprenons aussi que, à l'instar des genres seulement infinis comme genres, les espèces ne sont pareillement indéfinies qu'à titre d'espèces, tout le fini comme tel restant exclusivement à la charge des particularités qui, seules, le sous-tendent ou réalisent. Mais, partant de là, nous pouvons aller plus loin et nous expliquer la divergence d'opinion existant entre les nominalistes et les réalistes, dont les premiers bornent aux *individualités* tout le réel, quand les derniers en rendent aussi participants les *espèces* et les *genres*. Ces deux opinions n'ont que le tort de s'exclure en principe, par méconnaissance — à ce point de vue — de l'identité radicale du réel et de l'imaginaire. Car, cette identité *radicale* une fois admise et maintenue, rien n'empêche celui qui veut se placer en outre sur le terrain des *faits*, de tenir pour imaginaire ce qui n'est point réel à ses yeux, ou pour seulement réel (à ses yeux toujours) ce qui passe aux yeux d'autrui pour imaginaire. Un être existe-t-il donc en manière de *genre*, comme on peut et doit le dire de l'Être divin : toutes autres existences se tenant pour *spéciales* ou *particulières* sont comme n'existant point pour lui-même, ou bien sont à ses yeux comme de pures imaginarités ; mais, par la même raison, celles qui se classent à leurs propres yeux au rang des pures *individualités* doivent tenir pour imaginaires, soit toutes *espèces* formelles, soit tous *genres* virtuels, non immédiatement saisissables à leurs moyens naturels d'aperception ; et les seules existences *spéciales* sont ou peuvent être naturellement, à titre de moyennes, aptes à prêter une réalité prochaine, tant aux *genres* dont elles subissent l'influence immédiate, qu'aux *individualités* avec lesquelles il leur est possible de combiner encore immédiatement leur propre action, par prévenance d'abord et reconnaissance ensuite.

8. La précédente observation sur la portion de vérité seule admise ou rejetée tour à tour par les réalistes ou les nominaux était ici trop importante pour pouvoir être omise en ce moment où la suite des idées nous l'imposait comme d'elle-même ; mais elle ne doit pas nous faire oublier ou perdre de vue notre sujet que nous reprendrons alors en considérant ici que, puisque l'indéfinie prolongation des *bandes* et *zones* en exclut, pour uniformité continue de constitution, toute autre différenciation intrinsèque que celle provenant des deux contra-

riétés spéciales de direction ou de sens, dont l'intervention a pour effet de distinguer les bandes en *ascendantes* ou *descendantes* et les zones en *dextrogyres* ou *lévogyres*, — si nous voulons les mieux différencier encore, nous devons alors sortir du domaine exclusif des spécialités pour nous établir désormais — quoique sans exclusion — en celui des particularités toujours finies ; ce qui revient à passer, de l'indéfini toujours spécial, au fini toujours particulier. Ici, le saut n'est pas aussi grand que lorsqu'il s'est agi précédemment de passer, de l'infini radical, à l'indéfini moyen ; mais il n'en est pas plus facile à réaliser, et, pour en surmonter les difficultés, nous nous occuperons d'abord de rattacher au précédemment acquis ce qui doit suivre.

Les deux formules d'*indéfini* précédemment acquises (§ 6), $x\,dy$, $y\,dx$, envisagées comme non encore appliquées en dehors de l'intelligence qui les pose ou conçoit, n'expriment que des *idées abstraites* de plan ou de surface ; mais les mêmes formules, prises objectivement et déjà censées réalisées à cet égard au moins, désignent des *forces réelles*. Si nous voulions maintenant aller plus loin et combiner à cette fin, avec toute semblable *force* actuelle, l'*idée* correspondante précédemment acquise, nous aurions un être, — tout être consistant dans nos principes en une identité de réel et d'imaginaire. Comme, d'ailleurs, telle est l'idée d'une chose, telle en est aussi la forme, combiner de cette sorte une force réelle avec une idée corrélative abstraite, c'est unir force à forme ou forme à force, ou bien encore réaliser à fond; chose qui revient à proclamer l'identification, non-seulement d'imaginaire à réel, mais encore d'objectif à subjectif, et constater finalement l'entier passage du relatif à l'absolu. Cela posé, remarquons qu'une continue multiplication de pareils *Êtres* nous donnerait une série d'*êtres*, comme et par la même raison qu'une continue multiplication de pareilles *idées abstraites* ou *forces réelles* sous-tendantes nous donnerait une double série partielle de semblables *idées* ou *forces*. Or une multiplication d'idées identiques en tout revient à la simple réitération imaginaire d'une seule et même *idée* fonctionnant alors en manière de *genre*. La traduisant aussitôt après en *force* réelle, nous en faisons une *espèce*. Arrivons-nous, par conjonction du *genre* avec l'*espèce*, à la convertir en *être* réel : nous en faisons enfin une *individualité* proprement dite ; laquelle, analysée, consiste donc en la complexion, d'une part, de deux imaginaires traduits en réalité finale, en même temps que, d'autre part et pour subit échange immédiat des deux notes d'imaginaire et de réel des deux côtés, elle devient une radicale imaginarité dédoublable en deux réalités distinctes. Car, là, quand le réel et l'imaginaire commencent à ressortir et se poser à part, ils se donnent nécessairement chacun l'avantage dans leur propre ressort ; ils s'apparaissent donc, d'*objectif* à *subjectif*, dans le rapport de 1 à 2, et comme la réciprocité règne des deux côtés, s'il existe en face d'un subjectif égal à *2* un objectif égal à *1*, il faut que de même inversement en face du subjectif égal à *1* il existe un objectif égal à *2* ; auquel cas il est évident qu'en dernière analyse il doit exister en principe trois *subjectifs* irréductibles pour un seul objectif alors banal, et le troisième subjectif constamment latent par lui-même a sa raison d'être en l'alternative supériorité des deux subjectifs précédents, propriété nécessairement attribuable à sa seule accointance spéciale alternante avec les deux immédiatement contraires. Afin de fixer ici les idées sur le rôle moyen du troisième subjectif entre ses deux précurseurs, nous l'appellerons *tension pure*, et nous ferons remarquer que, ses deux modes possibles d'apparition étant la divergence principe d'*extension* ou la convergence principe d'*intensité*, ou jamais elle n'apparaît, ou bien elle apparaît toujours médiatement sous la forme de l'un ou de l'autre mode d'application par *extension* ou par *intensité*, dont pourtant le fonctionnement respectif n'est jamais le sien propre.

Les trois modes d'application par *tension pure*, par *extension* et par *intensité*, dès qu'ils tournent ou tiennent au subjectif, sont nécessairement personnifiables ou personnels, mais il est évident que, sans être absolument abstraite, la personnalité fonctionnant en tension pure ne peut jamais cesser d'apparaître telle ; elle fonctionne donc toujours en genre en apparence abstrait, ou jouit d'une apparente infinité manifeste à la façon des idées générales. L'*extension* jouit, *objectivement* au moins, de la même amplitude, mais il n'appartient qu'à l'intensité personnifiée de la receler *subjectivement* en elle-même, entière. L'*infinité* d'exercice revient donc *virtuellement* à la personnalité de tension, *formellement* à la personnalité d'extension, *physiquement* à la personnalité d'intensité. Nous nommons les trois personnalités ainsi rangées, Esprit, Intellect et Sens. Mais, si pour coexistence éternelle ces trois personnalités existent en principe à l'état de *genre*, il ne saurait leur être interdit pour cela de s'employer en ressort objectif en manière d'*espèce* ou d'*individualité*, ou bien d'adjoindre à leur fonctionnement *infini* radical, toujours générique, le moyen spécifique, ou le particulier élémentaire. Et, de ces deux derniers, l'un ou le moyen est notoirement d'extension variable, l'autre ou l'élémentaire est tout d'intensité plus variable encore. Réunis, les deux se parfont en se corrigeant néanmoins l'un l'autre, en ce sens que l'extensif plus constant modère la trop grande variabilité de l'intensif, comme il est au pouvoir de ce dernier d'accélérer l'habituelle allure du précédent. Mais cette communication d'attributs n'en reste pas moins toujours partielle ou n'en efface point l'intrinsèque différence originaire. Tout être réel ou personnel est donc foncièrement susceptible des trois sortes d'exercice infini général comme *spirituel*, ou d'exercice indéfini spécial comme *intelligible*, ou d'exercice fini particulier comme *sensible* ; et nous avons à reconnaître maintenant les conséquences de ce premier état de choses, surtout au point de vue des personnalités moins habituées à prendre conseil de l'Esprit que de l'Intellect et du Sens.

La raison pour laquelle notre recherche doit plus spécialement ici porter sur les deux exercices intellectuel et sensible avec apparente exclusion soutenue du spirituel, se trouve dans le caractère essentiel de ce dernier que nous venons de reconnaître non moins infini qu'immuable ; et cependant il ne laisse point d'être en cela même pour nous, comme précédent obligé, le meilleur moyen d'entrer en matière sur le jeu des deux autres. Car, puisque les relations sont toujours d'autant plus étroites d'une part qu'elles sont plus larges de l'autre, le genre le plus et plutôt opposable à l'infini spirituel n'est point l'intellectuel *indéfini*, mais le *fini* sensible. Aussi, tandis que rien n'apparaît plus imaginaire à l'Esprit que le sensible maniable et palpable ou tout matériel, rien n'apparaît inversement plus imaginaire au Sens que le spirituel, si bien objectivement impercevable que nous avons dû déjà l'assimiler sous ce rapport, en apparence du moins, aux plus flagrantes abstractions. C'est ainsi que, aux yeux de tous êtres sensibles finis et d'autant plus finis qu'ils sont plus concentrés ou réduits, l'être infini lui-même apparaît, pour entier dégagement de toutes déterminations analogues, une imaginarité pure, un pur vide, une simple notion abstraite ou résiduelle après évanouissement en lui de toute réalité phénoménique. Au contraire, les êtres intellectuels sièges habituels d'indéfini fonctionnement, se montrent régulièrement moins exclusifs ; car, puisque (ainsi que nous l'avons déjà dit) la commune et constante manière de fonctionner de ces nouveaux êtres est leur double étalage, soit en *bandes* à la fois verticalement *infinies* et transversalement *finies*, soit en *zones* à la fois verticalement *finies* et transversalement *infinies*, nous ne saurions douter un seul instant que, voyant habituellement ainsi l'*infini* et le *fini* conjoints en eux à titre de caractères ou d'attributs constants, ils ne prêtent, à l'*infini* jouant là précisément en tout temps le rôle de précédent ou de base à l'égard du *fini* coexistant, autant ou même plus de réalité qu'à ce dernier : relativement au moins, ils les tiennent donc pour autant réels l'un que l'autre (aux dimensions près), ou bien ils n'en excluent réellement aucun ; et par conséquent, s'ils ne vont point — comme le ferait un être *infini* — jusqu'à réputer nul le *fini* sensible conjoint à l'*infini* sous-jacent et censé seul alors réel, ils n'en viennent point non plus — comme le feraient des êtres *finis* — à l'excès contraire consistant à tenir l'*infini* présent pour imaginaire, et le *fini* conjoint pour seul réel. Cette dernière manière de procéder ou de juger s'impose presque fatalement aux êtres *finis* non habitués par communication avec les *indéfinis* précédents à se prémunir contre une pareille tendance ; car, pour eux, les seules positions réelles sont faites de démembrements de *bandes* et de *zones* constamment finies dans les trois dimensions à la fois, d'où il suit qu'ils n'ont jamais devant les yeux que du *fini* comme eux. Déjà nous avons dit les *bandes* toujours finies transversalement et les *zones* toujours finies verticalement. Superposons-en, alors, une partie quelconque mais égale de leur cours : elles se donneront du même coup une certaine *épaisseur*, qui ne sera pas moins — à sa manière — limitée, que ne le sont déjà leur *longueur* ou *largeur* respectives figurées par xdy, ydx ; et, comme nous avons déjà sous cette forme en longueur ou largeur les expressions $\{\frac{x}{dx}$, $\{\frac{y}{dy}$, nous aurons en épaisseur la double expression analogue $\{\frac{z}{dz}$ dont la simple énonciation ou position suffit à nous montrer que nous avons atteint ici le champ des individualités pures ou du *fini*, seul en apparence désormais qualifiable de *réel* pour complet défaut en lui de toutes autres notions réelles tant indéfinies qu'infinies.

9. La complexion formelle indéfinie, qui se constitue des deux sortes de fonctionnements infini et fini concourants, devient une objective réalité désignée par le nom de *lumière*. C'est un mode de manifestation ou d'apparition essentiellement effectué sous forme *plane* ou *superficielle*. Aux yeux des êtres indéfinis moyens, les bandes verticales et les zones horizontales, devenues lumineuses, sont donc toujours dénuées d'épaisseur. L'épaisseur survenant, les plans lumineux fonctionnent en faces apparentes de *Solides* finis, comme est *solide* en sa forme tout produit de la triple combinaison des différentielles dx, dy, dz, ou de leurs intégrales x, y, z, généralement figurable par le symbole du troisième degré de la puissance 1^3.

Tout être ainsi fait et *fini*, comme clos en lui-même, apparaît nécessairement inerte par rapport à tout autre être, semblablement constitué surtout ; d'où il ne faudrait point cependant inférer qu'il échappe lui-même à toute action d'autrui, car il y est au contraire d'autant plus sujet qu'il peut moins soit attaquer, soit résister en son état actuel de pleine indifférence à l'égard de tout ce qui s'agite ou se fait au dehors. Au nombre de ces êtres extérieurs ayant action sur lui, nous devons comprendre à la fois et les *indéfinis* tous capables de l'attaquer par leurs faces communes inscrites ou circonscrites (ces indéfinis étant censés contenir le fini dans leur enceinte), et les *infinis* ou censés tels qui l'embrassent indistinctement sous toutes ses faces ; et nous le concevons ainsi passible — de leur part — de deux sortes d'attaques, l'une externe, l'autre interne. Pour exemple de l'attaque externe, toute mécanique alors, nous proposerons celui d'un navire entraîné par le vent enflant ses voiles en dessus ou pressé par les flots en dessous ; et pour exemple de l'attaque interne, nous prendrons le calorique pénétrant jusqu'au centre des éléments physiques dont ils dissolvent la constitution interne et vont jusqu'à renverser l'être primitif, en brisant la clôture imaginaire et convertissant au besoin la concentration en expansion. Le premier effet, tout *mécanique*, est au pouvoir des êtres *indéfinis ;* le second effet spécialement *animique* ne paraît être qu'en la puissance des agents *infinis*, auxquels rien ne saurait être impossible : sous ce rapport, les *indéfinis* ne seraient que des moteurs des *finis*, dont les *infinis* resteraient les seuls transformateurs immédiats ou médiats, et nommément immédiats quand ils en opéreraient le remaniement, médiats quand ils emploieraient à cette fin le concours des indéfinis. Immédiatement opérés par les seuls agents *infinis*, les *finis* ne leur opposent pas plus de résistance que n'en opposent les idées abstraites à la manipulation de tout logicien agissant en pleine connaissance de cause ; mais médiatement abordés par eux pour secondaire intervention des agents indéfinis appelés à ménager par leur concours l'opération de la transformation finale visée cette fois de loin par le principe radical, — sans opposer cette fois en eux-mêmes plus de résistance à sa réalisation que dans le cas précédent, ils ne sont point impropres à reproduire passivement sous leur influence les mêmes phases qu'offre dans le trajet de principe à fin la propre action des *forces réelles* concourantes ou des indéfinis intermédiaires ; d'où il résulte que les mêmes formules peuvent servir aussi bien à l'énonciation des effets apparents qu'à celle de leurs causes occultes. L'éclaircissement de ce point important implique la pleine intelligence des rapports constants des trois puissances radicales entre elles ; et, comme ces rapports ne sont — que nous sachions — indiqués nulle part, nous allons les exposer ici tels comme nous les comprenons.

10. Nulle puissance radicalement *infinie* ne peut se restreindre ni varier en elle-même, mais elle peut varier en ressort étranger ou d'emprunt. Ainsi, parce que le Sens radical fonctionne essentiellement et sans limites en *altitude*, il ne peut pas plus être censé jamais se limiter, que cesser d'opérer, dans cette direction verticale dont il a les prémices. De même, parce que tout d'abord l'Intellect fonctionne essentiellement et sans limites en *latitude*, ou que l'Esprit a pour champ essentiel aussi bien qu'illimité

d'application la *longitude,* ils ne peuvent pas plus, ni l'un ni l'autre, se limiter dans leur direction respestive, qu'en sortir ou l'aliéner pour en prendre une autre. S'exerçant donc constamment en direction verticale, le Sens se conserve éternellement infini dans cette direction, comme l'Intellect et l'Esprit, ne sortant jamais de leur propre direction originaire, restent infinis, le premier en latitude, et le second en longitude. Précisons maintenant leur fonctionnement respectif dans cette triple direction. Le fonctionnement spécial du Sens en altitude consiste en mouvement perpétuellement *ascendant* ou *descendant* dans cette direction ; le fonctionnement spécial analogue de l'Intellect en latitude ne consiste plus en aller et venir de haut en bas et de bas en haut comme le précédent, mais en double position habituelle de sens contraire, comme *négative* par exemple à gauche et *positive* à droite ; de son côté, le fonctionnement spécial de l'Esprit est encore plus stable que le précédent, car il consiste en l'opposition invariable de l'en *arrière* en *avant,* qui caractérise la relation du subjectif et de l'objectif, dont le premier est toujours évidemment le précurseur rationnel obligé du second. D'après cela, le Sens siègerait dans le mouvement ; l'Intellect, dans l'espace, et l'Esprit, dans le temps. Mais nous les savons, en outre, radicalement infinis tous les trois dans leur direction respective ; et, comme étant tous infinis, ils doivent avoir aussi, chacun, leur centre spécial d'opération en tout lieu situé sur leur direction et censé dès lors en être un milieu constant facultatif. L'entrecroisement manifeste des trois dimensions de la grandeur en général nous permet et nous oblige même d'admettre l'habituelle superposition des trois sortes de milieux ainsi constitués et dont la dénomination n'est pas difficile à trouver. Tout élément de vitesse s'appelle *degré* ; tout élément d'étendue, *point* ; tout élément de durée, *instant*. Ne quittant jamais leur propre direction originaire, les trois puissances infinies radicales offrent cela de particulièrement remarquable que, en leur centre respectif, elles voient incessamment les deux bouts de leur excursion individuelle, pour infinie vitesse de translation *actuelle* en l'une, *habituelle* en l'autre, *éternelle* en la troisième ; mais cela suppose toujours qu'elles ne sortent point de leur rôle natif, quoiqu'elles en puissent au moins apparaître sortir pour adjonction, à leur rôle natif singulier et perpétuel, du double rôle possible accidentel imité des deux autres. Leur rôle natif, à la fois général et particulier, est figurable par $1\{_1^3$, symbole manifeste simultané de *principe* et d'*élément*. Soit alors le *Sens* désigné par cette expression non moins d'universalité que de singularité tout à la fois. Quand cette puissance, voulant rendre apparent son rôle jusqu'à cette heure invisible ou tout interne, cherche à s'approprier à cette fin, en partie sinon en totalité (chose impossible), l'un ou l'autre ou même l'un et l'autre *intellectuel* et *spirituel* qui n'est point originairement le sien, le moins qu'elle en puisse prendre pour l'accoler au sien est figurable par les différentielles dy, dz ; et, représentant alors le sien propre par $1_x\{_1^3$ nous avons pour sa représentation totale l'expression $1_x\{_1^3 \{\frac{dy}{dz}$. Procédant pour l'*Intellect* et l'*Esprit* de la même manière, nous trouverions pour leurs débuts d'exercice en ressort étranger les deux formules respectives analogues $1_y\}_1^3\{\frac{dz}{dx}$, $1_z\}_1^3\{\frac{dy}{dx}$. Et par là nous signifierions qu'alors, à son exercice *infini* radical en altitude, le Sens adjoint un double exercice *infinitésimal* en latitude et longitude, — que pareillement, au-dessus du sien infini seulement en latitude, l'Intellect en endosse le double infinitésimal en altitude et longitude, et qu'enfin au sien propre *infini* seulement en longitude, l'Esprit adjoint le double *infinitésimal* restant en altitude et latitude.

Revenons maintenant sur les trois rapports naguère signalés dans les trois ressorts, sensible, intellectuel et spirituel, et déclarés se former des couples de termes corrélatifs *haut* et *bas* en ressort sensible, *positif* et *négatif* en ressort intellectuel, *subjectif* et *objectif* en ressort spirituel ; et souvenons-nous en même temps que le premier de ces ressorts est un théâtre de *mouvement*, le second un théâtre de positions *spatiales* immanentes contraires, le troisième un théâtre d'oppositions *tempo-*

relles variables irrenversables. Nous pouvons reconnaître après cela d'emblée que, rien n'étant plus facile à discerner que les deux aspects consécutifs de *précédent* et de *suivant*, ou simultanés de *négatif* à gauche et de *positif* à droite, rien ne permet au contraire en premier lieu de distinguer semblablement entre principe et fin en tous mouvements *ascendants* ou *descendants*, si vite effectués que les deux bouts s'en superposent au centre même de ces deux déplacements. Afin de pouvoir alors parvenir à distinguer ces deux mouvements contraires ainsi que ces deux bouts et que leur centre, il existe un double moyen, dont la combinaison surtout doit aboutir à mettre cette distinction en plein jour : ce double moyen consiste à relier ensemble ou successivement les diverses *opérations* alternantes ou réciproques qui peuvent avoir lieu secrètement dans le Sens, — ne serait-ce en principe qu'imaginairement, — avec la relation de *successive* dépendance inaugurée par l'Esprit, d'une part, et la relation de *simultanée* coordination préétablie par l'Intellect, de l'autre. Car, alors, le Sens, prenant (suivant une certaine manière de parler) fait et cause pour ces deux relations spontanément apparues et s'y rattachant en prenant forme et corps en elles, y peut et doit trouver effectivement occasion de révéler l'innombrable variation ou variété des situations les plus intéressantes dont il est éternellement gros, sans qu'avant cette adjonction du double moyen de manifestation fourni par l'Intellect et par l'Esprit rien en puisse apparaître ou transpirer au dehors.

Que le chaos sensible originaire puisse donc se débrouiller moyennant concours ou coopération de l'Intellect et de l'Esprit, c'est une chose actuellement manifeste pour nous ; mais la manière dont cette coopération se réalise, nous échappe encore. Il ne nous faut point imaginer, pour cela, que le Sens se désiste de son infinité radicale ; nous devons, au contraire, le concevoir perpétuellement immuable en son suprême potentiel originaire, et seulement ouvert sous ce rapport à la représentation des changements possibles en espace et temps, à la manière d'un spectateur uniquement occupé de contempler au Théâtre les événements fictivement au moins accomplis sur la scène ; et, pour lui, les acteurs foncièrement aussi désintéressés que lui-même en tout cela sont l'Esprit promoteur des mêmes événements et l'Intellect leur siège et représentant immédiat. En étant lui-même le premier principe et la fin dernière, il y préside au contraire par cela même au troisième degré de la puissance, quand, appelés seulement à concourir avec alternance ou réciprocité sans pouvoir jamais s'approprier le premier rôle 1^3, l'Intellect et l'Esprit y remplissent subsidiairement et tour à tour les secondaire 1^2 ou tertiaire 1^1. Mais, de ces deux derniers rôles, négligeons-nous le moindre 1^1: nous comprenons aussitôt que les deux puissances intellectuelle et spirituelle, réduites au seul secondaire ou moyen 1^2, s'emploient alors en apparence de concert à l'instar des deux composantes instituant dans le parallélogramme des forces une résultante du même degré qu'elles et propre à figurer la part revenant au Sens passif de leur concours.

En cette explication du devenir contingent, nous venons de nous placer dans le cas le plus simple impliquant un seul centre-foyer, deux foyers distincts, et une résultante commune. Mais les deux foyers corrélatifs, agissant à la fois en termes secondaires, peuvent se multiplier considérablement, indéfiniment même peut-être ; et, se multipliant, ils forment alors des séries de termes potentiels dont nous trouverons un exemple dans la formule binomique.

Nous n'avons point à nous occuper ici de la formation de cette série *potentielle*, dont nous avons déjà, dans les précédents fascicules, exposé la construction par rangée de termes à exposants, constamment décroissants pour l'une des variables et croissants pour l'autre ; mais, cela faisant, nous n'en avons esquissé que de trop loin les rapports avec les deux autres sortes de séries dites *géométrique* et *arithmétique*. Pour mieux étudier actuellement ces rapports et les indiquer à fond, nous examinerons comment ces deux dernières séries se trouvent éminemment incluses en la *potentielle* et la complètent de fait.

Comparés entre eux, les termes potentiels

de la série binomique se divisent en trois classes à savoir : 1° la classe des *infinis*, qui sont les deux extrêmes ; 2° la classe des *indéfinis*, qui sont les deux pénultièmes ; 3° la classe des *finis*, qui sont tous les autres termes moyens compris entre les pénultièmes. D'inspection on reconnaît l'infinité des termes extrêmes incomparables à tous les autres ; le caractère indéfini des pénultièmes se reconnaît à leur exclusive division factorielle par l'unité ; quant aux termes à coefficients tous proportionnels tant en ordre descendant qu'en ordre ascendant, cette circonstance suffit à dénoter, au passage de l'un à l'autre, la possibilité d'une intercalation des deux autres sortes de séries géométrique et arithmétique analogues aux suites des nombres entiers consécutifs et de leurs logarithmes, — ce dont nous fournira la preuve l'application que nous allons en faire.

11. Commençons par examiner quels sont indubitablement les êtres assimilables aux termes de toute série *potentielle* binomique. Dans la région *lumineuse* que nous savons déjà (§ 9) devoir appartenir à tous les êtres indé-

finis analogues aux termes de la série potentielle dynamique, ces êtres sont sans contredit les *étoiles*. L'incommensurable distance existant d'une étoile à l'autre nous est certifiée par leur défaut universel de parallaxe. Nous avons dit ailleurs (*Des Séries...* § 10) dans quel ordre ces corps célestes ont dû se produire à l'origine : c'est, non celui qu'on leur attribuerait logiquement en se fiant aux apparences ainsi qu'à la dérivation des exposants des termes du binôme, mais celui qui nous les montrerait rangés par couples de même exposant à partir des extrêmes, faisant intervenir à la fois : d'abord $a^6 b^0$, $a^0 b^6$; puis $\frac{6}{1} a^5 b^1$, $\frac{6}{1} a^1 b^5$, etc. Sous ce rapport, les étoiles en général ont dû paraître avec préséance des étoiles à peine bleuies sur toutes les autres de plus en plus foncées en bleu jusqu'au vert, d'une part, et de nouveau préséance des étoiles à peine rougies sur toutes les autres de plus en plus foncées en rouge jusqu'au jaune, de l'autre. Les vertes et les jaunes sont donc les dernières apparues, comme le suppose d'ailleurs leur fonction ou rôle de moyennes, *tout moyen impliquant avant* soi les extrêmes qu'il vient concilier en les séparant et reliant tout à la fois, et démontrant encore en soi le mouvement de convergence antérieur à celui de divergence finale. Entre les corps *stellaires* incommensurablement distants l'un de l'autre, est-il maintenant vraisemblable qu'il existe un espace réellement vide de tous autres corps célestes en utilisant et peuplant l'étendue? Nullement. Quand même l'on n'aurait point à *priori* de raison de l'affirmer, l'observation immédiate nous empêcherait d'hésiter un instant à cet égard : ces corps intermédiaires existent, et ce sont les planètes. Survenant au milieu des étoiles, mais en se rattachant à chacune d'elles en plus ou moins grand nombre (toujours conformément à la loi du binôme) mais dans de tout autres conditions, ces nouveaux corps ne sont plus d'abord incommensurablement distants d'une ou d'autre part, et puis, comme n'étant point incommensurablement distants et subsistant en outre en rapport ou proportionnalité par le fait même de l'existence implicite d'un pareil rapport entre les termes potentiels de la série binomique auxquels ils se rattachent, ils constituent à leur tour une nouvelle série cette fois purement géométrique marquée pour nous par leurs harmonieuses élongations en deçà et au delà de l'équateur du corps stellaire ou solaire servant de centre foyer à tout système planétaire flottant et circulant à son entour.

Dans ce qui précède, il nous a paru nécessaire de montrer jusques dans le ressort *physique* des êtres *finis* une première réalisation (laquelle peut d'ailleurs nous apparaître incomplète par défaut de persistance de quelques-uns de ces mêmes êtres dans leur destination originaire) des deux séries géométrique et arithmétique correspondantes aux deux semblablement réalisables à leur tour en ressort *formel* chez les êtres *indéfinis* de la classe moyenne, où notre tâche sera maintenant d'en constater l'existence sans sortir de la considération des termes potentiels binomiques assimilés aux corps *stellaires*. Ces corps célestes dont est peuplée la région moyenne du firmament et dont nous ne saisissons pour cela même que l'aspect lumineux formel, sont teints — comme nous le savons déjà — de toutes les couleurs du spectre graduées en eux depuis le blanc azuré le plus éclatant jusqu'au rouge le plus sombre; et c'est alors dans les variations de cette série de teintes si diverses que nous devons trouver les deux séries indiquées. Tenant compte de l'ordre dans lequel les étoiles ont dû radicalement intervenir ou se produire, nous les concevons rangées, à partir d'un premier état aussi simple qu'infini — dès lors en quelque sorte universel et perpétuel, comme aux limites de la création visible, mais en deux points diamétralement opposés de l'espace, dont les étoiles à peine bleuies occupent l'un, et les étoiles du rouge le plus sombre l'autre. Dans la série décroissante des colorations intermédiaires, il y a conséquemment alors deux sortes d'intensités originaires insensiblement décroissantes de part et d'autre mais toujours coexistantes, et qui sont les deux intensités d'*acuité*, chez les à peine bleuies, de *gravité* chez les rouges foncées; car les teintes respectives en sont bien assimilables aux sons aigus et graves. Imaginons dans ce cas de figurer les variations en intensité d'*acuité* par les nombres 7, 5, 3, 1 (dont tout lecteur intelligent doit pouvoir ici comprendre par lui-même la signification dynamique en mouvement uniformément accéléré ou retardé), tandis que nous figurerons les variations en intensité de *gravité* par les nombres inverses 1, 3, 5, 7... Associant alors de deux en deux les nombres simultanément appliqués des deux séries, si vite d'ailleurs déroulées qu'elles semblent instantanément réalisées dans tout leur cours : nous avons, de quelque côté que nous partions, la même série totale ou résultante : $7 + 1, 5 + 3, 1 + 7...$, dont tous les termes sont égaux (chacun) à 8, et par là même (en somme) l'équivalent — quoique exprimant une vraie progression géométrique double simulant des positions de courbes variées *elliptique* ou *parabolique* — d'une semblable suite de portions de mouvement *circulaire* uniforme par la suite des valeurs constantes $8 + 8 + 8 + 8..$; d'où il résulte que de fait, en elle, il nous est donné de voir, par réflexion sinon par intuition, tout à la fois la réalisation de deux séries géométriques inverses et d'une série arithmétique commune ; car, dans le premier cas les termes intensifs se déroulent bien sensiblement ou physiquement comme les *carrés des temps*, et dans le second cas, seulement extensifs, ils se déroulent formellement ou logiquement comme le *temps*. Bien attentivement considérées, les séries *potentielles* d'étoiles impliquent donc en elles-mêmes le simultané déroulement des deux autres sortes de séries géométrique et arithmétique figurables par les exposants ou les coefficients des variables binomiques personnifiées, auxquelles ils se rattachent du reste comme une double dépendance en exprimant séparément le double rôle apparent objectif et *physique et formel*.

12. — Ici bas et présentement, en qualité d'êtres *physiques* essentiellement intensifs et finis, nous ne saurions absolument prétendre saisir immédiatement ou sans mûre réflexion et d'emblée les précédentes et si notables différences d'extension et d'intensité, seulement formelles néanmoins, dont la reconnaissance s'impose rationnellement en la constitution objectivo-subjective des êtres *indéfinis* habi-

tant la région moyenne lumineuse ; mais il n'est point impossible, il est au contraire très-naturel d'attribuer à ces êtres indéfinis eux-mêmes l'intuitive aperception de ces différences, dont, alors que notre organisation physique nous en prive, leur habituelle exemption de cet empêchement les gratifie. Car, dans la musique par exemple, nul n'ignore que nous sommes en état de percevoir et de discerner. immédiatement, comme nous trouvant dans notre propre ressort humain, soit les divers temps de la mesure qui se répètent d'un instant à l'autre en manière de suite *arithmétique* manifeste, soit les incessantes variations de la cadence là s'accusant aussi manifestement à leur tour par les différents tons de la modulation alternativement ascendante ou descendante en vraie série cette fois *géométrique*. Or, ces mêmes rapports de suite que nous découvrons immédiatement en ressort musical, se découvrent à nous-mêmes, au moins par analyse et réflexion ou médiatement, en ressort lumineux. Nul physicien n'ignore encore ici que la propagation de la lumière s'effectue dans l'espace par ondes successives longitudinalement égales entre elles, ou bien avec une vitesse uniforme comme les sons mesurés de la musique, mais *transversalement* très-inégales en amplitude et sous ce dernier aspect variant en série croissante du violet au rouge, décroissante du rouge au violet, tout à fait comme les sons musicaux varient intensivement, dans l'intervalle d'une octave, des graves aux aigus et des aigus aux graves. Foncièrement, donc, la coexistence des deux séries arithmétique et géométrique, que nous venons de constater avec une pleine évidence en musique, se reproduit même pour des yeux exercés ou scientifiquement ouverts dans le champ de la lumière qui n'est point de notre domaine immédiat ; et, si malgré notre incompétence nous les y démêlons, nous pouvons bien penser et devoir même admettre que, doués d'yeux bien plus perçants que les nôtres en ce nouveau ressort qui est le leur, les êtres *indéfinis* habitant la région lumineuse sans les préoccupations à nous imposées par la violence ou la fréquence des sensations tactiles et physiques perçoivent et discernent là ce qu'avec peine nous parvenons de notre côté scientifiquement à reconnaître. La perception distincte du *formel* exige bien moins d'application ou d'effort d'attention que celle du *physique* à nous imposée par l'originaire concrétion des impressions organiques, dont le nœud gordien, œuvre de la nature, n'est finalement soluble qu'à la nature elle-même, comme c'est justement le cas en acoustique ; et notre native habileté dans l'appréciation de ces sortes de faits sensibles nous est un garant de l'égale aptitude des êtres indéfinis à percevoir distinctement les vibrations lumineuses s'effectuant en latitude, comme en longitude les sonores.

Sachant bien maintenant que les êtres indéfinis de la région moyenne ne doivent pas avoir plus de peine à percevoir distinctement les accidents et modes de la lumière que nous n'en avons à discerner promptement les accidents et modes de la musique, et remarquant que ces mêmes accidents et modes musicaux sont pour nous un langage, comment n'admettrions-nous pas que de même les accidents et modes de la lumière sont un langage pour les êtres moyens indéfinis ? En optique comme en acoustique, tout est donc un moyen de communication intellectuelle, ou verbe et parole, c'est pourquoi, généralisant cette pensée, l'Apôtre a pu dire que *rien n'est sans voix* (I *Cor.* XIV, 10). L'on parle par les yeux comme par les oreilles ; et, si la parole par les yeux n'a point (comme l'avait trop précipitamment supposé l'inventeur du *Clavier oculaire*) l'intensité de la parole par les oreilles, cela provient de ce que l'instrument *éthéré* (pour nous exprimer comme les physiciens chargeant un éther imaginaire de la transmission des ondulations lumineuses) est moins matériel ou tient moins du physique que l'instrument *aérien* chargé de la transmission ou propagation des vibrations sonores. Mais, si la parole par les yeux a d'une part moins de force ou de puissance intensive que la parole par les oreilles, elle se revanche hautement sur elle par une précision et clarté vraiment scientifiques.

Comment ou pourquoi les choses se passent-elles ainsi dans les deux régions des êtres *indéfinis* ou *finis* ? Nous savons déjà ces deux régions aussi bien dépassées en hauteur qu'en profondeur par la région des puissances *infinies* dans les trois dimensions de l'espace dont le siège commun est en l'Activité radicale, où, se distinguant alors seulement en principe l'une de l'autre pour l'Intellect et pour l'Esprit, elles ne sont ou ne font néanmoins réellement ou de fait qu'un pour les Sens, — le Sens seul s'appropriant alors là tout d'abord, en amplitude rayonnante, toute l'étendue des trois dimensions traduite en altitude, quand l'Intellect et l'Esprit s'en approprient seulement chacun ensuite (non sans subit échange entre eux) l'un ou l'autre des deux autres modes d'application par latitude ou longitude. En conséquence, comme l'indispensable réduction des dimensions radicales à trois ne comporte point plus de trois infinis relatifs possibles, il n'existe ainsi bien réellement que trois pareils infinis préposés à l'institution du langage ou de la parole à tous les points de vue possibles, puisque nous nous trouvons ici sur le terrain des premiers principes des choses. Absolument-absolue tout d'abord, la parole consiste donc en une seule émission de voix active, laquelle renferme néanmoins trois éléments dont chacun est en même temps *principe*, avec l'exclusive retenue de cette fonction de *principe* pour l'un, et la double fonction alternante de *fin* et de moyen ou de *moyen* et de fin pour les deux autres. Voulant alors nous figurer ces trois éléments comme il nous est possible de le faire en linguistique, nous tiendrons le premier pour l'équivalent implicite d'une syllabe entière, le second pour l'équivalent d'une demi-syllabe, et le dernier pour le représentant d'un simple tiers de syllabe; auquel cas nous pourrions dire encore que le premier vaut une consonne forte, le second une demi-consonne roulante ou sifflante ou mouillée, le troisième enfin une simple voyelle; et l'ensemble des trois sonnerait alors comme les syllabes *pré*, *tri*, *cla*, dans les mots *prémisse*, *trinité*, *clameur*. Mais, classant ainsi les trois principes élémentaires ou les trois *éléments-principes* absolus, nous les prenons encore comme seulement uns ou virtuels, chacun; et, cette simplicité qui leur

Tournant au rationnel en régime indéfini, la même parole s'y transforme par là même en langage figuré, s'étalant assez sensiblement en espace plan pour que, de la diversité des *contours* ou de l'étendue des faces ou plans représentés, on puisse déduire par comparaison le principe et le but qui président intellectuellement à leur apparition. Multiplication et répétition d'actes soit accumulés, soit réitérés : voilà donc tout le secret des deux précédents langages ou proférés ou figurés en exercice objectivo-subjectif. Enlevons-en actuellement, soit en pensée soit de fait, tout semblable mode de multiplication ou de répétition : les purs actes simples ou virtuels leur servent de substratum; mais, dégagés de toute multiplication ou répétition les grossissant en apparence, les limitant en réalité, ces mêmes actes n'apparaissant plus multiples ni divers réapparaissent en leur état originaire d'unités absolues, significatives assurément d'individualité, d'espèce ou de genre, mais alors même, en leur propre manière d'être, non moins infinies que simples l'une que l'autre ; et c'est de cet ensemble d'unités convient essentiellement à titre d'éléments, ils ne la comportent plus à titre de principes radicaux et féconds, infinis surtout ; et leur seule manière d'y mettre fin en exercice objectivo-subjectif est leur ultérieur fonctionnement (le radical persistant et servant de base) sous la double forme d'*extension* et d'intensité, soit combinées, soit isolées, d'où nous vient le double langage par apparitions lumineuses ou sons articulés, dont l'intrinsèque variabilité perpétuelle, radicalement *infinie*, se restreint ultérieurement en deux fois, par réduction en *indéfinie* d'abord et finie ensuite.

Rien de plus aisé que de dire, après tous ces éclaircissements, en quoi la parole diffère dans les trois ressorts actuellement bien distincts pour nous de l'*infini*, de l'*indéfini* et du *fini* : elle est *conventionnelle* dans le fini, *rationnelle* dans l'indéfini, *naturelle* dans l'infini. Conventionnelle en ressort fini, la parole s'y démontre spécialement caractérisée par des mouvements aussi brusques que passagers, provenant d'une accumulation d'actes vibratoires, indices d'*intensité* réelle ou physique.

formellement hiérarchisées avec une parfaite distinction en *degrés* seulement ou sans la moindre mention de *qualité* ni de *quantité*, que résulte l'intime constitution de l'Etre radical divin, *virtuellement* gros de tout, mais aussi *formellement* ou *physiquement* vide de tout, comme contenant en principe tous les *éléments* sans leurs indices *différentiels* provenant plus tard, chez les uns, de formes artificielles en *limitant* l'originaire extension infinie, et, chez les autres, d'intensités non moins factices en restreignant l'également infinie intensité radicale, rien ne pouvant préexister en l'infini sans bénéficier de sa plénitude ou perfection.

13 C'est donc une grande et double erreur d'admettre et *l'originaire inconscience* et *l'entière incompréhensibilité* de l'être absolu radical ou divin ; et pour le constater irréfragablement, nous allons ici formuler tous les états essentiels de cet être parfait, dont les formules emprunteront l'excellence, en même temps qu'ils en emprunteront, de leur côté, la certitude.

Comme absolument absolu, l'être absolu radical est figurable par l'*unité* simple ou *1*.

Mais, comme absolu-relatif, il doit être figuré comme triple en fonction, d'où la nouvelle formule $\frac{3}{1+1+1}$.

Cette seconde formule nous en dévoile la nature intrinsèque, non la puissance variable en application au triple point de vue des degrés, de la *qualité* et de la *quantité* ; voulant le figurer à ce troisième et triple point de vue, nous le représenterons : au 1ᵉʳ degré, par la formule $\frac{3^1}{1+1+1}$; au 2ᵉ degré, par la formule $\frac{3^2}{1+1+1} = \frac{9}{1+1+1}$; et au 3ᵉ degré par la formule $\frac{3^3}{1+1+1} = \frac{27}{1+1+1}$.

Disons maintenant le sens psychologique de ces formules :

Par la formule 1 est désignée l'Activité radicale absolument-absolue et nécessairement *unique*.

Par la formule $\frac{3}{1+1+1}$ est désignée la même Activité relativement triple, comme *personnalité*.

Par la formule $\frac{3^1}{1+1+1}$ sont désignés les

trois *modes particuliers* d'application des personnalités, une à une, aux trois états *physique*, *formel* et *virtuel*.

Par la formule $\dfrac{3^2}{1+1+1} = \dfrac{9}{1+1+1}$, nous en visons les neuf *modalités spéciales*, nécessairement en même nombre que les combinaisons des trois personnalités radicales prises deux à deux et donnant ainsi naissance aux 3 états virtuels *infinis*, formels *indéfinis*, et physiques *finis :*

Par la dernière formule
$$\dfrac{3^3}{1+1+1} = \dfrac{27}{1+1+1}$$
nous désignons enfin les vingt-sept *modes élémentaires* ou pleinement irréductibles en eux-mêmes d'exercice banal ou commun aux trois personnalités radicales, lesquels se nomment,

au *virtuel :* {bonté, sagesse, perfection, {bienveillance, droiture, justice, {prévenance, reconnaissance, complaisance,

mais dont les dénominations au *formel* et au *physique* ne sont pas encore assez arrêtées dans notre pensée pour que nous puissions ici en donner la nomenclature.

FIN.

TABLE DES MATIÈRES

	§§
AVANT-PROPOS..............................	
Réunion et distinction fondamentale des deux idées de *subjectif* et d'*objectif*............	1
Rôles pareillement uns et distincts des trois puissances radicales, *Sens, Intellect, Esprit.*	2
Vue de nouveau pareillement une et triple de l'univers tombant sous les concepts de *sphère, cercle, rayon*......................	3
Appropriation aux trois grands cercles de la sphère des trois caractères *infini, indéfini, fini*....................................	4
Formation à l'aide des trois grands cercles pris deux à deux de *bandes* et *zones* sphériques *indéfinies*............................	5
Composition objectivement mixte ou *infinie-finie* des bandes verticales ou zones horizontales................................	6
Réciproque détermination propre entre bandes et zones *indéfinies* ainsi rendues *finies* et *partielles*.............................	7
Division formelle binaire des bandes ou zones et leur segmentation réelle multiple, avec passage au solide......................	8

Lumière plane type des êtres indéfinis et solidité matérielle type des êtres finis.......... 9
Fonctionnements spéciaux des êtres infinis, indéfinis ou finis suivant l'altitude, la latitude, la longitude...................... 10
Formule binomique, symbole commun universel des êtres infinis, indéfinis ou finis...... 11
Relations binomiques reconnues dans la lumière et le langage....................... 12
Évidente rationnalité de l'idée de l'être infini radical................................. 13

FIN DE LA TABLE

Supplément à l'errata de « Cosmologie et Vitalisme »

Page 45, ligne 12, au lieu de $+ b^2$, lisez $b^2 +$
— 61, — 11, — $b\genfrac\{\}{0pt}{}{+1}{-1}$, — $b\genfrac\{\}{0pt}{}{+1}{-5}$.
— 71, — 12, — susceptible, lisez divisible
Page 78, ligne 11, au lieu de la, lisez en
— 90, — 4, — ou, — au

www.ingramcontent.com/pod-product-compliance
Lightning Source LLC
LaVergne TN
LVHW050633090426
835512LV00007B/834